# Ama, confía y sé tu mismo

## RAY MARFIL

Para Mocita, tu amor me ha guiado en las etapas
más oscuras de mi vida.

AMA, CÓNFÍA Y SÉ TU MISMO.
Metodología probada para desde el amor propio crear una vida que merece ser vivida.

Primera edición mayo 2023.
México.
Autor: Raymundo Antonio Marfil Briceño.

ISBN: 9798391627548
Independently published

Sígueme en redes sociales:
Instagram: @raymarfil
Facebook: @raymundomarfil
Tiktok: @raymarfil

Referencias bibliográficas:
Bourbeau, L. (2021). Las 5 heridas que impiden ser uno mismo. México: Ediciones Obelisco.

He escrito este libro con mucho amor para ti, es un compendio de herramientas que durante mi proceso de transformación personal he probado y después de comprobar que funcionan las he adoptado en mi vida.

Ahora te las comparto en una sencilla metodología que he diseñado para que puedas comenzar a conocerte, descubrir las cosas hermosas que son parte de ti, así como las áreas de tu vida que necesitan atención y cuidado.

En cada capítulo irás descubriendo los pasos a seguir para practicar amarte mucho más y descubrir a una persona maravillosa, tú mismo.

# EL INICIO DE UN HERMOSO CAMINO

La historia de este libro comienza en el 2017, año en el que estaba en el peor momento de mi vida.

Después de terminar una relación por la que había dado todo, me creía derrotado, sin valor, con un dolor en el pecho todo el tiempo por la profunda tristeza y soledad que estaba sintiendo.

En ese momento no hacía ejercicio y la comida era mi consuelo cuando me sentía mal emocionalmente, pero eso solo duraba media hora para luego quedarme con el sobrepeso que afectaba más mi autoestima.

Me sentía tan deprimido que pasé unos seis meses sin trabajar lo que complicó mucho más mi situación, estaba tan derrotado por la vida que consideré seriamente suicidarme porque no le veía sentido seguir viviendo si solo estaba sufriendo y nadie me valoraba.

La única razón por la que estoy acá escribiendo estas palabras para ti, es por mi abuela que es una de las personas más importantes en mi vida. Cuando estaba considerando hacerlo pensé: "Si yo me voy, si hago esto que estoy pensando, ella no lo va a aguantar, no podrá lidiar con esto, si yo me voy, lo más probable es que ella también se vaya". Y no podía hacer eso, podía atentar contra mí, pero a ella no podía hacerle daño.

Después de haber descartado esa opción, hice este compromiso conmigo: Si me voy a quedar, voy a dedicar toda mi vida, toda mi atención, toda mi capacidad, todo mi tiempo a encontrar la manera de ser feliz, de dejar de sentir tanto dolor, dejar de sentir tristeza y comenzar a sentir que soy una persona valiosa.

Empecé a trabajar en mí mismo, a ver videos en internet, leer libros de amor propio y en general a buscar respuestas. Veía que habían personas viviendo mejor que yo en términos de felicidad, dinero, abundancia y de relaciones pero yo no sabía cómo hacerlo.

Encontré muchos caminos, pero como no sabía lo que estaba haciendo todo fue prueba y error, encontraba algo en youtube y comenzaba a practicarlo en mi vida, si funcionaba lo integraba y si no simplemente probaba otra cosa.

Así fui construyendo esta metodología que hasta la fecha ha ayudado a muchas personas a transformar sus vidas.

Hace cinco años, cuando estaba en la peor etapa de mi vida, cuando mi experiencia me decía que era imposible vivir sin sufrir, no podía creer que yo tuviera el poder de transformar todas las áreas de mi vida.

Todo este proceso de transformación fue un gran acto de fe, de permitirme escuchar a mi intuición que me decía que confiara.

¿Por qué te digo esto? En mi experiencia personal y lo que he visto con las personas que he acompañado en sus procesos, cuando estás en ese lugar súper oscuro, ahí donde estás sufriendo mucho, no parece real poder vivir mejor.

Uno de los regalos más valiosos que alguien te puede dar, que a mí me tocó recibir de alguien más, es la esperanza, hoy te digo que yo estuve ahí donde tú estás ahora y que sí es posible. Solo tienes que aprender cómo hacerlo.

En este libro te comparto la metodología que desarrollé durante mi proceso de transformación, misma con la que muchas personas están creando la vida de sus sueños.

Ahora te toca a ti recordar lo valioso que eres.

Un fuerte abrazo,

Ray.

Mi nombre es Ray Marfil y me considero un explorador de la vida, durante estos años he acumulado muchos títulos, desde los más tradicionales como licenciado en diseño, maestro en alta dirección y negocios internacionales hasta los más holísticos como maestro de Reiki.

Aunque antes me identificaba mucho con ellos, ahora son solo un recordatorio de las muchas cosas que sé hacer, como un buen ser humano soy una persona compleja con el potencial de aprender y reinventarme.

Esas dos palabras son las que definen en realidad mi vida, he aprendido muchas lecciones y gracias a ellas me he reinventado varias veces hasta encontrar lo que más amo hacer, que es ayudar a personas a descubrirse y transformar sus vidas a través del amor propio.

Hoy me dedico a compartir con amor estas lecciones que me han llevado de vivir con mucha tristeza, soledad y dolor a una vida que amo vivir. Que de ninguna manera es perfecta, pero los retos de todos los días me enseñan las lecciones que me corresponden aprender.

Hoy siendo fiel a mi naturaleza, comparto contigo estos aprendizajes en un sencilla metodología que te permitirá aprender a amarte mejor para crear la vida que siempre has querido vivir, esa que en el fondo sabes que es posible.

# ÍNDICE

# METODOLOGÍA AMA, CONFÍA Y SÉ TÚ MISMO

En este libro te comparto la metodología que desarrollé durante mi proceso de transformación, misma con la que muchas personas han recuperado la confianza y ahora están usando para crear la vida de sus sueños.

Probando y fallando comencé a transformar mi vida, conforme avanzaba en mi propio proceso comencé a compartirlo con las demás personas primero de manera informal como consejos a amigos cercanos y más adelante como coach de desarrollo personal.

En mi propia búsqueda probé prácticamente todo lo que se cruzó en mi camino, como probablemente ya habrás notado muchas de las cosas que encuentras son verdades a medias, promesas exageradas que simplemente no funcionan o que si funcionan pero se sienten como una pequeña pieza de un gran rompecabezas que sigues sin poder armar.

Con una bolsa llena de herramientas poderosas, el siguiente paso fue desarrollar una metodología efectiva pero a la vez sencilla de seguir para que cualquier persona sin importar su nivel de consciencia y amor propio pudiera comenzar su propio camino de transformación.

Esta metodología se divide en cuatro pasos que al seguirlos podrás crear para ti una vida que valga la pena vivir, cada uno de ellos corresponde con un capítulo del libro:

1. Reconocer tu responsabilidad en la creación de tu vida.
2. Sanar tu pasado para liberarte de cargas emocionales.
3. Practicar amarte todos los días.
4. Compartir amor con los demás.

Escribí este libro como un manual práctico, cada capítulo tiene actividades que te ayudarán a implementar los conceptos en tu vida.

Habrán cosas que todavía no estarás listo para hacer o procesos que son muy dolorosos que preferirás evitar por el momento, está bien. Sé amable contigo y avanza a tu ritmo, lo importante es que todos los días pongas en práctica algo de lo que aprendiste y al día siguiente incorpores otra cosa más.

Esta metodología es un camino claro y probado de transformación; ahora solo te corresponde caminarlo todos los días, conforme lo hagas irás reconociendo lo maravilloso que eres y construyendo una vida increíble.

# ¿QUIÉN ES RESPONSABLE DE MI FELICIDAD?

En esos momentos de dolor y desesperación,sentía rabia hacia las personas que supuestamente debían cuidarme y hacerme feliz. ¿Por qué no me valoraban lo suficiente para darme lo que quería y necesitaba?

## Primer sospechoso: nuestros padres.

Cuando tenía 18 años, mis padres se divorciaron y fue una situación muy dolorosa, mi vida en pocos días cambió completamente. A raíz de esa situación, culpaba a mis papás de mi infelicidad.

Sentí que todos mis planes a futuro se destruyeron y ahora estaba solo y sin un rumbo claro. Por otro lado veía a los papás de mis compañeros y a mis tíos siendo buenos padres con sus hijos y yo pensaba ¿por qué a mí me tocó lo peor?.

Los culpé durante años por todo lo que me pasaba, en lo profesional, en mis relaciones o en cualquier otro ámbito que no estuviera bien en mi vida, ¿por qué no estuvieron presentes para guiarme?

Esto es algo muy común, conforme vamos creciendo culpamos a nuestros padres por no darnos la educación, el dinero, los viajes o cualquier otra cosa que nos hubiera gustado tener.

Estoy seguro de que siempre podemos encontrar algo que reclamarles, por lo que hicieron o dejaron de hacer, por los momentos en los que nos lastimaron o nos hicieron sentir mal.

## Segundo sospechoso: la vida y sus circunstancias.

El gobierno, la economía, tal vez tuvimos la "mala suerte" de nacer en un país pobre, siempre podemos escoger a algo o alguien que sea el culpable de nuestras desgracias, ese que nos sabotea para no tener la vida que anhelamos.

¿Por qué todo siempre parece estar en nuestra contra?

## Tercer sospechoso: nuestra pareja.

Yo formaba relaciones porque odiaba sentirme solo y entre mis heridas de infancia estaba el abandono. Mi autoestima era tan baja que necesitaba que otra persona me dijera lo valioso que soy para sentirme bien, y aun así, no creía que me lo dijeran de forma honesta, pero era mejor eso que estar solo.

Pasaba el tiempo y a pesar de que la relación no funcionaba, me aferraba al grado de tratar de manipular a la otra persona para que no se fuera, pero debo reconocer que no era por amor como muchas veces traté de convencerme, sino por miedo a la soledad. Prácticamente todas mis relaciones terminaron con la otra persona diciéndome que ya no me aguantaba y que no quería saber nada de mí.

Así comenzaba de nuevo el ciclo, sufría durante unos seis meses y luego buscaba a otra persona para llenar ese espacio que no podía llenar solo.

¿Te suena familiar esta situación? Seguro también la has vivido.

Créeme sé perfectamente lo que estás sintiendo.

## Actividad 1:

Escribe 3 personas, situaciones o cosas a las que has estado culpando de no tener la vida que quieres.

_____

_____

_____

## Actividad 2:

1. A cada una de ellas escríbeles una carta:

2. Reconociendo que las estás culpando de algún aspecto de tu vida que no te gusta.

3. Perdona lo que haya pasado, reconociendo que eso era lo que debía pasar para el bien de todos.

4. Agradece lo que haya sucedido porque eso te ha hecho una persona más fuerte.

## ¿CÓMO LOGRAR QUE LAS OTRAS PERSONAS HAGAN EXACTAMENTE LO QUE QUIERES, CUANDO QUIERES?

¡Ja! ya te habías emocionado. La respuesta corta: No podemos controlar lo que las otras personas hacen, piensan, dicen o quieren.

Nuestras inseguridades, miedos, pensamientos limitantes y que además nos hemos convencido que si la otra persona hace exactamente lo que queremos, nosotros seremos felices, es lo que nos motiva a intentarlo.

### ¿Cuál es el costo personal de tratar de controlar a las demás personas?

Muchas veces, cuando estamos en ese espacio donde sentimos dolor, donde la otra persona está haciendo cosas que nos lastiman, cosas que no nos gustan, cosas que nos hacen sufrir o que nos hacen sentir incómodos, la reacción natural es defendernos. Cada persona lo hace de una manera diferente.

Hay personas que son agresivas, que tratan de manipular, amenazan con vengarse o simplemente nos vamos al otro lado y nos convertimos en víctimas: "Ah, bueno, pues como tú no me estás poniendo atención, entonces me voy a enfermar, voy a empezar a decir que me duele la cabeza o que me estoy muriendo" simplemente para tratar de llamar tu atención hacia mí.

Cuando estamos ahí siendo víctimas o tratando de manipular a la otra persona, no nos damos cuenta de algo importantísimo: hacer esto tiene un costo enorme para nosotros. Cuando utilizamos nuestra energía para tratar de manipular a la otra persona, siempre estamos sintiendo ansiedad, porque estamos a la defensiva, viendo cómo habla con otros, cuando falta a su palabra, cuando llega tarde, cuando no está y por ende sentimos muchísima frustración todo el tiempo.

Estamos en este constante estado de alerta, como policías vigilando a la otra persona, viendo que no haga, que no diga, que no piense, que el mensaje, que si se conectó, que si no se conectó, que si estabas en línea, que si me dejaste en visto, pero vi que también la otra persona con la que creo que me engañas estaba en línea, entonces seguramente estaban hablando. ¡Uff qué horrible vivir así! ¿no crees?

Esto lo sé de primera mano porque yo hacía esas cosas y el costo personal era altísimo.

Al final, lo que tenemos en casa, en nuestras familias, en nuestros trabajos y en nuestras relaciones, es una auténtica guerra donde compartimos nuestra vida con nuestro peor enemigo.

## Renunciamos a nuestra capacidad de crear.

El problema de estar en guerra con las otras personas es que todos tenemos una cantidad de tiempo y energía específica cada día. Si pudiéramos enfocar el cien por ciento de nuestra energía creadora en nuestros proyectos profesionales, estudios o metas, sería espectacular, y nuestra vida crecería de manera exponencial. Pero, al estar peleando y discutiendo con nuestras parejas, padres o cualquier otra persona, desperdiciamos gran parte de esa energía creando caos que nos impide alcanzar nuestro verdadero potencial.

Cada día comienza con una energía neutra, que podemos usar para crear cosas positivas o negativas, dependiendo de nuestra actitud y enfoque. Si creemos que no valemos nada y merecemos sufrir, esa energía se vuelve destructiva y comenzamos a sabotearnos a nosotros mismos.

Te quiero compartir un poco más como era mi vida hace algunos años. En lo profesional hubo momentos en los que me iba muy bien, pero dentro de mí había algo que me recordaba todo el tiempo que las personas poco valiosas no merecen tener éxito. Como consecuencia, empezaba a entregar malos resultados y perdía clientes, regresando al nivel que creía merecer. Además, me relacionaba con personas problemáticas y sufría en mis relaciones personales, lo que reforzaba mi baja autoestima.

Si estás en una situación similar, te recomiendo analizar ¿qué es lo que crees merecer en este momento?, porque lo que tienes en tu vida se basa en tu nivel de autoestima. Si tus relaciones son dolorosas y no te respetan, es porque en el fondo eso es lo que crees merecer.

## ¿QUÉ HAGO PARA CAMBIAR?

Cambiar en general es complicado ya que requiere que vayas a lugares en tu interior que quizás no te gusta visitar, enfrentar miedos e inseguridades, reconocer cosas que no te gustarían admitir, sanar heridas que has ignorado durante toda tu vida y eso es aterrador.

La mayoría de las personas eligen no cambiar porque creen que es más fácil seguir ignorando toda esa carga emocional, pero eso solo los lleva a toda una vida llena de frustración, dolor y tristeza. Por otro lado, los valientes que deciden hacerse responsables de ella sentirán dolor un tiempo mientras éstas sanan, pero al concluir su proceso disfrutarán una vida mucho más plena.

## ¿Qué puedes controlar?

Tus expectativas.

Por mucho tiempo la relación con mi papá fue muy mala, como te comenté, cuando yo tenía 18 años mis padres se divorciaron y por más de 20 años prácticamente estuvimos separados. La razón de esto fueron mis expectativas de lo que yo creía que él debía ser.

En esa etapa de mi vida me hubiera gustado que me guiara para que yo no tuviera que cometer tantos errores y encontrar más rápido mi camino.

Además, lo comparaba con otras figuras paternas que yo consideraba eran buenos papás y le reclamaba que él no fuera así.

Nuestra relación cambió drásticamente cuando yo pude comprender que todo esto eran sólo mis expectativas, pero él no era así. Sin embargo, tenía muchas otras virtudes que por enfocarme solamente en lo que yo esperaba de él no había podido ver. En otras palabras, yo me formé una idea utópica en mi cabeza de lo que yo consideraba debía ser un "buen papá", al no tener algunas de ellas inmediatamente lo descalifiqué como padre y solo lo juzgaba por no ser como yo quería.

Que egoísta es creer que yo sé lo que es mejor para las demás personas y a los que no se comportan como yo querer declararles la guerra.

Al dejar ir mis expectativas y mi necesidad de sentir que yo siempre tengo la razón, fui descubriendo a un ser humano que como todos tiene virtudes y áreas de oportunidad, pero que por sobre todas las cosas me ama muchísimo.

## Miedo a soltar el control.

Después de establecer las reglas de la relación, dejar claro cuáles son las necesidades y expectativas de ambos. ¿Qué pasaría si dejaras a tu pareja libre para tomar sus decisiones?

Da miedo, ¿verdad? Decir "eres libre" porque el apego, el miedo, nuestras inseguridades y autoestima baja nos hacen sentir que debemos atarnos. Que mientras más amarrados estemos, creemos que la persona se quedará, pero en realidad y te lo digo por experiencia, es todo lo contrario.

Si crees que debes controlar y atar a tu pareja para que no se vaya, estás muy lejos de tener una relación sana. Una relación sana es entre dos personas libres e independientes que comparten sus vidas porque quieren, no porque estén obligadas o chantajeadas.

## Tu autoestima y confianza.

Trabajar en nuestra autoestima es algo que debemos hacer todos los días, requiere práctica y atención constante. Hay algunas cosas que eventualmente aprenderemos a hacer de forma automática, como si fuera una costumbre, pero cuando llegamos a ese punto, encontraremos otra parte de nuestra vida en la que no estábamos poniendo atención y tendrás que iniciar de nuevo el proceso de aprender a amar eso de ti que no habías visto.

Así, poco a poco, te vas empoderando y transformando hasta que comienzas a confiar en el poder que tienes para crear la vida que quieres.

## Actividad 3:

Haz una lista de 5 cosas en tu vida de las que no te has hecho responsable en tu vida.

_____

_____

_____

_____

_____

# VIVIMOS EN AUTOMÁTICO

Imagina que estás parado en medio de un río, el más caudaloso que puedas crear en tu mente. El agua te llega hasta la nariz y estás saltando para no ahogarte, de pronto viene la corriente y de un golpe te tira para atrás, tras dar varias vueltas y recibir varios golpes te levantas a seguir sobreviviendo.

En un arrebato de valor, decides que ya no quieres vivir así y decides utilizar toda tu fuerza de voluntad para nadar en contra de la corriente, con todas tus fuerzas luchas hasta que tus brazos ya no pueden más y una vez más la fuerza del río volvió a ganar.

Esta es una analogía que me gusta utilizar para ejemplificar como estamos acostumbrados a vivir en automático luchando en contra de lo que la vida nos trae, la corriente del río es la vida que parece siempre estar actuando en nuestra contra y nosotros sobreviviendo a accidentes, enfermedades y problemas que nunca terminan.

Todo el tiempo estamos reaccionando a las cosas, siempre estamos a la defensiva, cuidándonos de las personas, de las circunstancias, viviendo con mucho miedo de lo que pueda pasar y que en cualquier momento todo se puede volver a caer y tendremos que volver a comenzar.

¿Qué pasaría si en lugar de seguir parados en medio del río, simplemente camináramos a la orilla? Una vez fuera, estaríamos secos, el agua no estaría empujándonos y no tendríamos que utilizar toda nuestra energía solo para sobrevivir, podríamos observar lo que está sucediendo en el presente, observar de dónde viene y dejarlo ir.

Esto puede parecer irreal, pero déjame decirte que es posible dejar de sobrevivir y comenzar a vivir.

¿Cómo? Sigue leyendo y te iré revelando como lo he logrado en mi propia vida.

Amarnos más, pero ¿cómo?

Te has preguntado ¿cómo te enamoras de alguien más? Lo hacemos pasando tiempo con la otra persona. Al hacerlo comenzamos a encontrar puntos en común, cosas que nos gustan, metas parecidas. En otras palabras, nos enamoramos cuando conocemos mejor a la otra persona.

Esto mismo aplica para el amor propio, ¿cómo te enamoras de ti mismo? pasando tiempo contigo para conocerte mejor.

## ¿Cómo paso más tiempo conmigo?

Te preguntarás: ¿cómo voy a pasar más tiempo conmigo? Si siempre estoy aquí adentro, no voy a ningún lugar. Si bien estamos dentro de nosotros mismos, siempre estamos mirando hacia afuera y no prestamos atención a lo que pasa aquí en nuestro interior.

Estamos hablando mal del vecino, pero no tenemos idea de lo que está pasando por dentro de nosotros que nos motiva a desperdiciar nuestra energía creadora criticando a las demás personas, en lugar de usarla para crear una mejor vida para nosotros.

Las cosas empeoran cuando estamos en estado de sobrevivencia, ¿quién tiene tiempo para reflexionar en sí mismo cuando te está revolcando la vida y estás sintiendo mucho dolor?

El conocimiento de nosotros, de lo que somos, de lo que pensamos y de lo que queremos solamente ocurre cuando podemos de manera consciente voltear a ver hacia nosotros mismos y decir: ¿quién soy?, ¿cómo me siento?, ¿qué es lo que estoy pensando en este momento?, esto me está dando miedo, ¿por qué me causa tanta inseguridad?

Todo comienza observándote a ti mismo, para saber quién eres, lo que te gusta y tus áreas de oportunidad para crecer. Para que así como te enamoraste de tu pareja, de esa misma manera te vayas enamorando de ti.

Así cambiará la perspectiva que tienes sobre ti mismo y podrás reconocer que tienes miedo pero también podrás ver que eres una persona valiente que has tenido mayores retos en el pasado y encontraste la manera de salir adelante. Al reconocer también tus habilidades podrás dejar de reaccionar y comenzar a actuar con más confianza, hasta que llegue el punto en el que podrás tener la certeza de que tienes la capacidad de crear la vida que quieres.

## MEDITACIÓN ACTIVA

Te voy a enseñar una herramienta que es la base de toda mi metodología, será la herramienta principal que utilizarás todo el tiempo en tu vida para observarte a ti mismo, tus avances y áreas de oportunidad.

Esta herramienta se llama meditación activa, una técnica de mindfulness que consiste en estar presente, enfocándonos en el aquí y ahora, no en el pasado o lo que podría pasar en el futuro.

Se trata de poner atención en uno mismo, observando cómo te sientes, lo que estás pensando y cómo está tu cuerpo en este momento. ¿Te sientes cansada, duele alguna parte de tu cuerpo o tienes mucha energía? Esta introspección te permitirá observar todo lo que eres y convertirte en el protagonista de tu propia película.

¿Qué es lo que necesitas observar? El objetivo es en algún momento poder observar durante todo el día lo que sucede dentro de ti, en general presta atención a tus pensamientos, sentimientos, tu cuerpo físico y cómo sientes tu energía.

¿Qué pasará cuando comiences a practicar la meditación activa? Una de las cosas que observé cuando empecé a hacer esto fue que pasaba demasiado tiempo pensando en cosas negativas. Me repetía todo el día: "no, esto no va a funcionar, esto no se podrá hacer". También pasaba mucho tiempo dudando de mí mismo: "no, Ray, no vas a poder, no eres suficiente, no mira... ya fallaste, ya lo intentaste varias veces y no te sale, vas a volver a fallar, esto no va a ser posible, mejor ríndete".

¿Qué crees que pasa con una persona que todo el día, todos los días se repite que no puede y que volverá a fallar?

Como te podrás imaginar, mi vida estaba llena de proyectos sin terminar, ilusiones abandonadas, frustración y una autoestima por los suelos.

Yo mismo estaba creando un círculo vicioso de autosabotaje: me creía un perdedor y me convencía de eso todos los días, esa percepción me llevaba a rendirme ante cualquier situación ligeramente complicada; reforzando la idea de que nada me salía bien.

Al practicar la meditación activa, empezarás a encontrar tus patrones y sabrás cual es el resultado de tus creencias y de lo que te repites todos los días. En otras palabras, los patrones te muestran el camino hacia la sanación.

Una vez que los hayas identificado, te puedes preguntar ¿de dónde vienen estos miedos?, ¿de dónde vienen estos pensamientos limitantes?, ¿por qué me siento cansado todo el día? Al hacer esta introspección podrás reconocer que tal vez vienen de heridas emocionales de la infancia, de situaciones donde sentiste mucho dolor o las cosas no salieron como esperabas cambiando así la imagen que tenías sobre ti mismo. Así encontrarás las áreas de oportunidad en tu vida que necesitan de tu atención y amor para sanar, transformarse o crecer.

Una pequeña advertencia, cuando comiences a practicar la meditación activa encontrás muchas áreas de oportunidad en tu vida y tendrás dos opciones: hacerte el tonto y seguir viviendo las consecuencias o hacerte responsable de ellas y empezar a transformarlas. No habrá vuelta atrás.

Te comparto un ejemplo sobre cómo aplico esta herramienta en mi vida: a veces, cuando estoy platicando con mi esposa, empiezo a notar que me estoy enojando, simplemente no me gusta el tono que estoy utilizando para comunicarme. Al ser consciente de esto, me calmo y empiezo a reflexionar por qué estoy reaccionando así ¿de dónde viene esto? El siguiente paso es identificar la herida y trabajar en ella para que la próxima vez que hable con ella, no sienta esa necesidad de hablarle en un tono que no me gusta.

La capacidad de observarte a ti mismo es como salir del río y ver lo que está pasando desde afuera, lo que te permite tener una perspectiva totalmente diferente de tu vida.

## ¿Cómo desarrollamos la meditación activa?

Lo que necesitamos para hacerlo es tiempo y práctica, hay personas que lo hacen de manera innata, pero a otros les llevará más tiempo. Así que no te preocupes si te cuesta un poco más poder hacerlo todo el día, ya verás que al ser una herramienta tan poderosa, una vez que comiences a ver los beneficios te engancharás.

 Al principio quizás solo puedas hacerlo unos minutos, pero si perseveras poco a poco podrás hacerlo por más tiempo. Es como andar en bicicleta, al principio es difícil y te cansa, pero con el tiempo se vuelve más fácil.

Muy pronto podrás ver que las respuestas que siempre has buscado afuera, estaban dentro de ti todo el tiempo.

Una vez que hayas encontrado de dónde vienen tus miedos, creencias limitantes y la imagen que tienes actualmente sobre ti, es momento de hacerte responsable de esos aspectos de tu vida y comenzar a sanarlos, esto lo veremos en el siguiente capítulo.

Pero antes quiero felicitarte, ¡has dado el primer paso en tu proceso de transformación!

## Actividad 4:

Ahora que ya has reconocido que la única persona responsable de tu vida eres tú mismo, te propongo que te hagas un regalo hermoso.

Escribe una carta de compromiso contigo mismo, reconociendo que habías estado culpando a otras personas por las cosas que no están como quisieras, pero que a partir de hoy te harás responsable de tu vida para transformar tu realidad.

Guarda esta carta en un lugar especial y cada vez que sientas que necesitas fuerzas para seguir adelante, léela para recordar  porque y para quién estás haciendo esto.

# SANAR DESDE EL AMOR

Las heridas de la infancia, son un tema clave para comprender de dónde vienen nuestras inseguridades, miedos y por qué sentimos que no merecemos ser amados.

Nuestros primeros años de vida son fundamentales, cuando nacemos, pensamos que somos el centro del universo y todo debe girar en torno a nosotros. No podemos valernos por nosotros mismos, así que dependemos completamente de nuestros padres o cuidadores.

El problema es que al igual que nosotros ahora, eran adultos con inseguridades, heridas emocionales y miedos haciendo su mejor esfuerzo para criar y educar a sus hijos.

Nuestros padres en teoría, deberían saber qué hacer y darnos lo mejor, pero son seres humanos imperfectos y muchas veces llenos de dolor. Al educarnos esas heridas "sangran" en nosotros y se forma una cadena generacional de dolor donde heredamos miedos e inseguridades, los mismos que ellos aprendieron de tus abuelos.

¿Cómo sucede? Los padres proyectan sus propias creencias limitantes, miedos e incapacidad en sus hijos. Al no saber cómo lidiar con sus emociones, aunque quieren hacer su mejor trabajo, las heridas de su pasado les impiden lograrlo.

Si eres papá o mamá, ¿alguna vez has perdido la paciencia con tus hijos a pesar de que siempre quisieras tratarlos con amor? La situación te sobrepasa y explotas sin control diciendo cosas que los lastiman.

Al nacer, somos como una hoja en blanco, pero conforme vivimos nuestras experiencias, esa hoja se va arrugando, perdiendo pedazos y manchándose.

## ¿Cómo se forman estas heridas de la infancia?

Ahora me gustaría que recordaras un poco, o lo más que puedas, cómo fue tu infancia. Probablemente no puedas acordarte de cuando tenías un año o dos años, pero seguramente tienes alguna foto tuya de esa edad o más o menos de esa edad. De alguna manera, puedes imaginarte cómo eras solo para ponerte en contexto.

## Desde que llegamos al mundo, sentimos.

Al nacer, sentimos este cambio de estar calentitos y seguros dentro de nuestra madre, al frío de la sala de parto con manos desconocidas y frías que nos tocan.

Desde ese momento, estamos sintiendo, pero no tenemos ninguna experiencia previa con las emociones. Mucho menos podemos decir que sabemos como reaccionar de manera sana ante ellas ya que carecemos de la inteligencia y responsabilidad emocional necesarias.

Comenzamos a desarrollar mecanismos de defensa al sentirnos agredidos, mismos que seguimos repitiendo siendo adultos. La manera en la que manejamos nuestras emociones y respondemos a la crítica, son cosas que aprendimos cuando teníamos entre uno y siete años.

¿Quizás has visto a alguna persona adulta que reacciona como un niño? haciendo una rabieta porque algo le sale mal o porque algo le frustra.

Con nuestra inmadurez emocional cuando éramos bebés o muy pequeños, aprendimos estos mecanismos de adaptación, defensa y supervivencia, y los hemos estado repitiendo durante toda nuestra vida.

Por eso, cuando en una discusión alguien te dice que no está de acuerdo contigo, lo que haces es gritar, porque es lo que hacías cuando eras un niño y no obtenías lo que querías.

Todos los disparadores emocionales que te hacen reaccionar cuando se activa una de tus heridas emocionales también vienen de esa época.

El gran reto es que estamos tratando de ser adultos responsables, maduros, que confían en sí mismos y que son capaces de lograr todas sus metas, pero tenemos la inteligencia emocional de un niño de dos o tres años. Por eso es tan difícil lograrlo, para eso tendremos que actualizar nuestro sistema de emociones.

Al final, todos los adultos que ves en la calle, ya sea tu esposo, parejas, el vecino, o el que se cruza en la calle, son en realidad niños heridos. Niños que sufrieron situaciones extremas, como cuando su papá llegó de trabajar frustrado, preocupado, y se desquitó con ellos, creándoles heridas muy profundas cuyo dolor reparten en el presente a todas las personas que interactúan con ellos.

## ¿Por qué sanar las heridas de la infancia?

Muchas de las formas en las que reaccionamos cuando nos sentimos frustrados son mecanismos de defensa que creamos cuando éramos pequeños y que siguen estando ahí mientras crecemos.

Por ejemplo: si en tu casa tus padres "solucionaban" sus diferencias a gritos e insultándose, esas peleas sin duda te causaban estrés. Más adelante, cuando un compañero de la escuela te contrariaba volvías a sentir ese mismo estrés y reaccionabas gritando e insultado, exactamente igual a lo que viste en casa por muchos años.

Y aunque en la vida adulta claramente estos mecanismos de defensa ya no funcionan y solo nos causan muchos problemas, seguimos tratando de solucionar así nuestras diferencias.

Como mencioné anteriormente, las heridas de la infancia son el origen del dolor, miedo y frustración que experimentamos como adultos. Aunque esto es así, muchas veces decidimos ignorarlas porque enfrentarlas representa sentir mucho dolor y tristeza.

Así pasamos toda nuestra vida creyendo que podemos correr del dolor, cuando en realidad lo que estamos haciendo es perpetuarlo, tanto en nuestras vidas como en la de nuestros hijos.

Podemos comparar estas situaciones complicadas de la infancia, como el síndrome de estrés postraumático.

Como en las películas de veteranos de guerra, la historia del soldado que sufrió, vió mucha violencia y regresa traumado. Aunque esta persona hace su mejor esfuerzo de vivir su vida normal, siempre está en constante alerta, sintiendo que todos están en su contra, reaccionando de forma exagerada y violenta.

Es algo muy parecido a lo que vivimos como adultos cuando venimos de infancias donde hemos vivido dolor y mucha tristeza.

## HERIDAS DE LA INFANCIA

Antes de comenzar con este tema me gustaría que te enfoques y pongas atención en ti mismo.

Será muy fácil que, cuando empieces a leer cómo se manifiestan estas heridas en las personas, digas "Ah sí, así es mi mamá" o "así es mi papá", "así es mi esposo", "así es mi novio" y apuntes dedos hacia afuera.

Pero recuerda: el trabajo es nuestro. Es mucho más fácil culpar a los demás, pero lo complicado es voltear a ver hacia nosotros mismos y decir "Oye, pero tú haces esto también, tú no haces esto, tú tienes esta herida, tú reaccionas de esta manera, tú contestas de esta manera". Este es el ejercicio que pido hagas para ti, resiste lo más que puedas ver hacia afuera y empieza a poner atención en ti.

Si haces esto, cuando describa cómo es una persona con las heridas, en algunas conectarás y sentirás que estoy hablando de ti, de tu vida, y dirás "eso soy yo, esta es la herida que tengo". En otras, dirás "bueno, sí, un poquito, pero no".

Este es un capítulo de reconocimiento, aprovéchalo al máximo para conocerte mejor.

También quiero decirte que mínimo tenemos una herida, aunque por lo general tenemos varias, que se van formando en diferentes etapas de nuestras vidas. Eso está bien, simplemente habrá un poco más de trabajo que hacer, pero es parte del proceso.

## HERIDA DE RECHAZO

Comienza desde los primeros días de gestación, cuando los padres deciden que no es un buen momento para tener un hijo, o si la concepción fue producto de una violación o una noche casual, se crea este sentimiento de rechazo hacia el bebé en formación. Si deciden continuar con el embarazo, aún pueden seguir sintiendo resentimiento por los cambios que tuvieron que hacer en su vida y esto puede afectar al niño directamente. Es una herida dolorosa para él porque siente que arruinó algo y no debería estar allí.

La herida del rechazo se forma en la gestación, por las emociones y las intenciones involucradas durante la concepción. Si fuiste concebido por error o en una situación complicada, sentirás mucho rechazo de tus padres, a diferencia de aquellos niños que fueron concebidos con amor y todo fue preparado para recibirles con cariño.

Si tus padres te hicieron sentir rechazado desde pequeño, puedes tener sentimientos de auto-rechazo y dudar de tu valor como ser humano. Puedes buscar constantemente la aprobación de los demás porque nunca sentiste esa aprobación por parte de tus progenitores.

Es importante reconocer nuestro valor propio para poder aceptarnos y querernos tal como somos sin depender tanto de otras personas para obtener nuestra propia validación.

## ¿Cómo se manifiesta en la persona?

- La falta de autocontrol, el miedo, la rabia y el resentimiento los hacen ser agresivos.
- Al sentir que no les están dando su lugar, que no los valoran se perciben bajo ataque y reaccionan de manera agresiva, gritando y levantando la voz para mostrar que si valen y tomando a la fuerza su lugar.
- Buscan la perfección a toda costa, porque creen que sus padres no los aceptaban porque había algo malo en ellos, al sentirse perfectos ya no habrá razón para no ser aceptados.

## ¿Cómo se manifiesta en las relaciones?

- Al no saber cómo formar vínculos sanos con sus padres, presentan un desapego patológico.
- Forman relaciones porque quieren sentirse cerca de otras personas pero al no saber como formar vínculos amorosos sanos con sus padres, en sus relaciones personales son desapegados para no correr el riesgo de ser rechazados.
- Son encantadores y divertidos pero crean una barrera para su corazón y emociones, justificando su falta de compromiso con excusas como: "No estoy listo para una relación".
- Aunque comparten momentos con su pareja y cierta intimidad, sus sentimientos y vulnerabilidad están protegidos tras esa barrera.
- A menudo, también son proactivos en el rechazo, cuando se dan cuenta de que la otra persona está perdiendo interés, empiezan a retirarse para rechazar en lugar de sentirse rechazados.
- Al confrontarlos con su falta de intimidad por lo general responden: "Bueno, esto es lo que hay. Mi prioridad es mi profesión, mis estudios y esto es lo que hay, así que si no te gusta, ahí nos vemos", y se retiran antes de ser rechazados.
- Tienen dificultad para aceptar cumplidos, cuando les dicen cosas como "Buen trabajo" o "Te ves bien", los minimizan o responden desde una perspectiva de "sí, así soy yo, soy súper guapo" o "soy súper inteligente, soy bueno haciendo las cosas, no sé por qué te sorprendes". Al final del día, aunque lo manejan desde esa perspectiva, sigue siendo una forma de minimizar y no aceptar el cumplido, cambiando el enfoque a otra cosa.

# HERIDA DE ABANDONO

La herida de abandono se origina en los primeros años de vida, desde que nacemos hasta aproximadamente un año de edad. Aunque para todas las heridas hay plazos estimados de tiempo, eso no significa que después de esa edad seamos inmunes a esta situación. Puedes tener diez años y sentir un abandono o rechazo fuerte de tus padres.

La herida de abandono surge de un abandono físico o emocional donde el niño siente desinterés y frialdad de parte de sus padres, especialmente de la madre. Las personas con esta herida sienten que el mundo es un lugar donde no reciben lo que necesitan y creen que no tienen derecho a necesitar.

Si has escuchado mi historia sabrás que esta es la primera herida que identifiqué en mí. Se manifestaba experimentando una sensación de tristeza y vacío interior. Cuando terminaba una relación sentía un hueco en el pecho, como si me hubieran arrancado una parte de mi y nada podía llenar ese vacío, ni siquiera estando con otra persona.

## ¿Cómo se manifestaba la herida de abandono?

- Las personas sienten una profunda soledad, insatisfacción constante ante la vida, sus logros y lo que le gustaría hacer.
- Aunque reconocen que les está yendo bien, siempre sienten que podría ser mejor y nunca están realmente satisfechos.
- Se niegan muchas de las cosas que necesitan porque en el fondo piensan que no las merecen. Por ejemplo: hace poco trabajé en mi relación con el dinero, siempre trataba de conseguir lo más barato, aunque tuviera dinero para algo más caro, porque en el fondo sentía que no lo merecía. Usaba mi ropa hasta que estaba llena de agujeros porque en el fondo no me sentía digno de verme bien.
- Experimentan fatiga constante y una sensación de carencia.
- Sienten vacío interior y profunda tristeza todo el tiempo, afectando su percepción de la vida, siendo siempre negativa y pesimista.
- El autosabotaje es algo común en su vida, porque en el fondo, creen que no merecen ser felices. En mi caso, cuando empezaba a sentirme feliz, de manera inconsciente pensaba que me estaba sintiendo demasiado bien y que no merecía eso. Así que volvía al nivel de tristeza y dolor donde me sentía cómodo pero todo el tiempo con mucha ansiedad.

- Al sentirse tristes, insuficientes y pensar que no pueden tener lo que quieren son muy susceptibles a la depresión.

## ¿Cómo se manifiesta esta herida en las relaciones?

- Tienen un apego patológico. En mis relaciones cuando estaba con alguien porque no me gustaba estar solo, hacía lo posible para pasar todo el tiempo con esa persona. Sentía que si me separaba de ella, podría conocer a alguien más guapo o mejor que yo y me dejaría tirado.
- Codependencia, sienten que mientras más lazos formen con su pareja, será más difícil que los abandonen.
- Tendencia a la soltería crónica.
- Aunque estén con alguien, no será una relación seria, sino más bien distante y sin compromiso.
- Desconfían de compartir emociones, tiempo, sentimientos y cosas con los demás.
- Son dependientes o completamente independientes, se sienten "orgullosos" de no necesitar de nadie.
- Creen que pueden vivir y existir sin depender de los demás. No te pueden abandonar si nunca formaste un vínculo emocional con la otra persona.

## HERIDA DE TRAICIÓN

Esta herida se crea cuando sentimos que uno de nuestros padres nos engañó, no cumplió su promesa o no nos protegió. Percibimos a papá o mamá como irresponsables.

Es importante recalcar que estas heridas pueden ser reales o simplemente una percepción. Por ejemplo, en mi caso, mi mamá tuvo licencia de maternidad por un mes y luego tuvo que regresar a trabajar, en ese momento por las mañanas me cuidaba mi abuela. Aunque mi abuela me quiere mucho y me cuidaba muy bien, no podía darme ese vínculo afectivo tan cercano que solo las mamás tienen con sus hijos, que era lo que yo necesitaba en ese momento.

Por eso sentí que mi mamá me había abandonado, aunque esto no fue real, en ese momento no podía entender que mi mamá tenía que trabajar para darme otras cosas también importantes.

En la herida de traición, el niño se siente víctima de la mentira. Por lo general, ocurre entre uno a tres años, cuando el niño ya empieza a hablar e interactuar con sus padres y puede ser causada por una situación traumática o un conjunto de situaciones. Por ejemplo, si el papá promete ir a un festival escolar y no llega, llevarlo a un partido de fútbol y no lo hace, o recogerlo después de clases y no aparece. Estas situaciones hacen que el niño pierda la confianza en él y se sienta traicionado.

## ¿Cómo se manifiesta esta herida de traición en el adulto?

- Quieren tener el control sobre lo que hacen los demás.
- Tratan de parecer responsables y fuertes, pero en realidad es solo una fachada para esconder su inseguridad.
- Sobre compensan porque no quieren que los vean como débiles, así que intentan mostrarse fuertes y poderosos.
- Son impacientes y quieren que las cosas se hagan en el momento exacto que ellos digan.
- Si algo no sale como quieren, se molestan mucho, incluso si se logra el objetivo de otra manera.
- Les aterra que les mientan y buscan atención a través de sus logros.
- A veces mienten para salir de situaciones difíciles, pero si descubren que alguien les miente, se enfurecen.
- Se creen indispensables y piensan que los demás fracasarán sin ellos.
- Intentan adueñarse de las situaciones para que nada avance sin su control.
- Se hacen indispensables y les dicen a los demás que si lo hacen sin ellos, seguramente fallarán.
- Su reputación es lo más importante.
- Se preocupan mucho por cómo los ven los demás y cómo los perciben.
- Cuando las cosas no salen como quieren a veces inventan un mundo de fantasía.
- Con las redes sociales, es más fácil mostrar una vida exitosa aunque en realidad no la tengan.

## ¿Cómo se manifiesta la herida de traición en las relaciones?

- Al tratar de controlar todo exigen mucho a su pareja.

- Presumen lo que han hecho para mostrarse responsables y de confianza.
- Les cuesta delegar y confiar, por eso quieren tener el control de todo lo que pasa en la relación.
- Crean una coraza emocional a su alrededor porque tienen mucho miedo de sentirse vulnerables.
- Forman relaciones con personas a las que creen que pueden controlar o cambiar, al hacerlo sienten que tienen el poder de hacer que las cosas sucedan como quieren.

## HERIDA DE HUMILLACIÓN

La persona siente que uno o ambos padres se avergüenzan de él porque no cumplió sus expectativas y se lo manifiestan de esa manera con comentarios que lo hacen sentir poco valioso.

Básicamente se siente degradado, comparado, avergonzado y también culpable de no estar al nivel de las expectativas de papá o mamá y que está haciendo cosas incorrectas.

Un ejemplo es cuando después de mucho esfuerzo no sacó las mejores calificaciones en la escuela y sus padres le exigen que siempre saque la calificación perfecta, sus padres lo regañan y le dicen que las personas inteligentes sacan la máxima calificación insinuando que él es tonto.

El mensaje que recibe en esta situación es: no eres suficiente, eres incapaz, no estás a la altura de los estándares de tus padres; por eso se avergüenzan y te humillan con comentarios denigrantes.

## ¿Cómo se manifiesta la herida de humillación en el adulto?

- Las personas con esta herida se ocupan mucho de los problemas ajenos y se olvidan de los suyos.
- Buscan ayudar, cuidar y atender a los demás, pero se dejan atrás a sí mismos.
- Piensan que si ayudan a otros, serán considerados suficientes y valiosos. Sin embargo, también creen que los demás se aprovechan de ellos.
- Sienten que los demás solo los buscan cuando necesitan algo, pero no están cuando ellos necesitan apoyo.
- Las relaciones que forman no tienen un intercambio emocional, energético y de tiempo equitativo. Dan mucho, pero no reciben lo que necesitan.

- Suelen no estar en contacto con sus sentimientos o tienen hipersensibilidad emocional.
- Cualquier comentario o crítica los afecta mucho y los hace sentir menos, lo que los lleva a sentirse tristes, deprimidos y asumiendo un papel de víctima.
- Reaccionan de forma agresiva por lo general tratando de hacer sentir mal a quien los hirió.
- Muchas veces tienen comportamientos extremos en su vida adulta al dejar de depender de sus padres, sienten que deben compensar todo lo que no pudieron hacer antes.

## ¿Cómo se manifiesta la herida de humillación en las relaciones?

- Suelen sentir que no merecen ser amados ni reconocidos.
- Cuando alguien los culpa no saben como defenderse y se quedan callados.
- Suelen jugar un papel maternal con su pareja intentando controlar y envolverla en todos los aspectos de su vida.
- Trata de liberarse de una situación que no le gusta pero se aprisiona en otra que complica más su vida.
- Trata de ser justo con la otra persona y evita lastimar a los demás, ya que no quieren que sufran como ellos lo han hecho.

## HERIDA DE INJUSTICIA

Se origina cuando tienes padres fríos y autoritarios que te limitan en expresarte y ser tú mismo. Te exigen hacer las cosas como ellos quieren sin importar tus méritos o alcances, siempre bajo un reglamento perfecto.

Sientes que nada de lo que haces será suficiente para satisfacer sus expectativas y nunca eres valorado por quien eres sino por lo que haces.

## ¿Cómo se manifiesta la herida de injusticia en el adulto?

- Se desvinculan emocionalmente como medida de protección.
- Muestran una máscara de perfección, ocultando sus verdaderos sentimientos.
- También les gusta buscar la perfección en todo.
- Aunque su mundo se esté cayendo alrededor de ellos, siempre dirán con una sonrisa "todo está perfecto".
- No les gusta aceptar regalos sin merecerlos.

- Buscan reconocimiento todo el tiempo y que los admiren.
- Se comparan con otras personas que ellos consideran exitosos.
- Son impacientes y críticos consigo mismos, tratando de proyectar una imagen perfecta aunque saben que su vida no lo es.

## ¿Cómo se manifiesta la herida de injusticia en las relaciones?

- Temen a la frialdad tanto en los demás como en ellos mismos.
- Intentan ser cercanos con su pareja, pero a la vez son distantes sé nunca revelando sus verdaderos sentimientos.
- Les gusta sentir que son buenas personas ayudando a los demás.
- Siempre tratan de proyectar una imagen de perfección y éxito frente a su pareja.
- Se comparan con otros que consideran perfectos, rechazándose a sí mismos por creer que nunca podrán estar a su nivel.
- También tienen dificultad para dejarse llevar y para sentir placer y les cuesta expresar esa ternura, esa cercanía con su pareja.

## ¿CÓMO SANAR LAS HERIDAS DE LA INFANCIA?

Las heridas emocionales son iguales a las físicas de muchas maneras. Al igual que una herida física, las emocionales necesitan ser atendidas para poder sanarse. Algunas pueden ser pequeñas y fáciles de tratar, mientras que otras pueden requerir más tiempo y esfuerzo para sanar completamente. Sin embargo, una vez que se han cuidado adecuadamente, estas heridas sanan y dejan solo cicatrices indoloras en tu subconsciente.

## Paso 1: Reconoce que están presentes.

Cuando podemos aceptar que estas heridas son parte de nosotros, podemos hacer lo necesario para sanarlas. Por eso te recomiendo que vuelvas a leer la descripción de cada una de ellas siendo muy honesto contigo mismo, recuerda que una vez identificadas podemos comenzar el tratamiento.

## 1.2 ¿Cómo se manifiestan en tu vida?

Ahora que ya sabes cuales están presentes en tu vida, quiero que te preguntes: ¿cómo se presentan en tu vida, es decir qué las dispara?

SANAR DESDE EL AMOR

Por ejemplo: Cuando tu esposo te hace sentir que tu opinión no es importante y revientas por dentro y por fuera, ahí tienes un disparador. Cuando intentas platicar con tu mamá y a los cinco minutos ya estás enojado y discutiendo con ella, ahí tienes otro disparador.

Cada herida tiene este disparador que es un "botón" que cuando algo o alguien lo presiona, tu reaccionas automáticamente con el mecanismo de defensa que has creado para eso.

Ese mecanismo puede ser agresivo con gritos y enojo o haciéndote a la víctima, de cualquier manera aunque el objetivo según tu es protegerte, lo único que hace es alejarte de sanar la herida. Por el contrario, te hace más daño a ti y a las demás personas.

Te invito a hacer un análisis de estas circunstancias donde están manifestándose tus heridas. Puedes empezar poco a poco con la más significativa y trabajar en ella para no saturarte. Después puedes voltear a ver las otras y ponerles también atención.

Quiero compartir contigo un poco sobre mi proceso: Primero identifiqué qué aspectos de mi vida estaban vinculados con la herida del abandono. Por ejemplo, constantemente me siento fatigado emocional y físicamente, antes dejaba de hacer mis cosas durante días o incluso semanas porque me sentía cansado y sin ganas, Ahora que he estado trabajando en la sanarme, puedo ser más responsable de mis emociones lo que me permite recuperarme más rápido y seguir avanzando con mis actividades aunque sea un poco más despacio.

Gracias a la meditación activa pude reconocer cómo y cuándo esta herida se manifestaba en mi vida para poder trabajar en ella y sanar cada vez más.

## Actividad 1:

Haz una lista de las heridas de la infancia que puedes reconocer en ti.

_____

_____

_____

_____

_____

_____

44 | AMA, CONFÍA Y SÉ TU MISMO

## Actividad 2:

Por cada una de las heridas que has podido reconocer en tí, haz una lista de los aspectos de tu vida donde se están manifestando.

_____

_____

_____

_____

_____

_____

_____

_____

_____

_____

_____

_____

_____

_____

_____

_____

_____

_____

_____

## Paso 2: ¿Dónde se originaron estas heridas?

## 2.1 Reconoce que las personas involucradas estaban haciendo lo mejor que podían con su nivel de conciencia.

Te voy a dar un ejemplo: Una persona con la que he trabajado en coaching personal llamado Francisco, ahora tiene 45 años. Cuando nació, su padre falleció muy joven y creció con su mamá y su hermano. Desde una edad temprana, más o menos a los once años, se dio cuenta de que le gustaban los otros niños. Esto era diferente a lo que esperaba su familia.
Su hermano lo humillaba y criticaba todo el tiempo por sus preferencias sexuales con comentarios machistas y denigrantes. Su mamá no era tan directa pero si criticaba a las personas homosexuales y aprovechaba cada ocasión para decir porque ella creía que eso estaba mal. Como te puedes imaginar Francisco creció sintiendo humillación, abandono e injusticia durante toda su vida.
En el fondo se odiaba a sí mismo porque decía "si mi familia no me acepta como soy ¿cómo puedo aceptarme yo mismo?"
Comenzamos a hacer un trabajo donde identificamos en qué momentos de su vida se habían originado estas heridas.
Y luego hicimos un cambio de perspectiva para comprender que su mamá y hermano solo estaban haciendo lo mejor que podían desde sus miedos, inseguridades, poca inteligencia emocional, educación y cultura.
De esta manera Francisco pudo comenzar a verlos como personas heridas que solo estaban compartiendo miedo y dolor, aunque en el fondo solo querían lo que ellos consideraban que era "lo mejor" para él.
Esta visión hace que el malo de la historia deje de serlo y se convierte en una relación donde ambas partes siempre trataban de hacer lo mejor posible con los recursos emocionales a su alcance.

## Actividad 3:
Haz un análisis de dónde viene cada una de las heridas, trata de identificar a la persona y las circunstancias que las originaron.

## 2.2 Observa la situación con tu perspectiva de adulto.
Lo que hicieron mal nuestros padres o nuestra pareja, eso ya pasó y no podemos cambiarlo. Lo importante es hacernos responsables de nosotros mismos y

nuestras emociones ahora en nuestro presente.

Si observamos situaciones del pasado desde la perspectiva actual de un adulto en vez de un niño, podemos cambiar nuestra percepción y sanar estas heridas emocionales. Por ejemplo, yo solía culpar a mi mamá por la herida de abandono que he sentido gran parte de mi vida, pero al convertirme en padre entendí el sacrificio que ella hizo por mí durante todos esos años. Desde esta nueva forma de ver las cosas pude comprender que ella hubiera preferido quedarse conmigo todo el tiempo, pero que en ese momento se vió obligada a hacerlo y me dejó con mi abuela que cuidó de mí con mucho amor.

Al analizar las circunstancias desde nuestra experiencia como adultos, podemos ver que la vida no es tan blanco y negro como la percibimos cuando éramos niños. Podemos ver esos momentos con una perspectiva más empática con las personas involucradas y comenzar a ver algo que fue muy doloroso con más amor.

## 2.3 Perdona a las personas involucradas.

No es necesario hablar directamente con ellas, probablemente ya falleció o no tienes manera de contactarla, incluso puedes no tener ganas de hablar con esa persona en esta etapa de tu proceso.

Perdonar a las demás personas siempre es algo que hacemos por y para nosotros, significa dejar ir una carga emocional muy pesada que habíamos asociado con alguien más. En pocas palabras, perdonar te libera.

"Papá, te agradezco por todo lo que hiciste por mí. Sé que hiciste tu mejor esfuerzo y también tienes muchas heridas, dolor, miedos e inseguridades. Estabas tratando de hacer lo mejor por mí. Te agradezco todo lo que trataste de hacer y todo lo que me diste. Ahora es mi responsabilidad cuidar de mí mismo y comenzar a crear la vida que quiero vivir".

## Actividad 4:

Escribe una carta a esas personas reconociendo que estaban haciendo su mejor esfuerzo con la información que tenían, su nivel de consciencia, educación así como sus miedos y propias heridas.

Recuerda que perdonar a las demás personas es algo que hacemos por nosotros, al hacerlo dejamos ir rencores, liberamos energía estancada pero lo más importante es que recuperamos nuestra paz.

Esta carta es para tí, no es necesario que se las entregues.

## Paso 3: Permítete sentirlas.

### 3.1 Honra la sabiduría de tus sentimientos.

A nadie le gusta sentir dolor, frustración y tristeza. Pero creo que no estamos aquí para buscar la perfección.

Me parece que la experiencia que venimos a vivir en este mundo es de plenitud, donde todas las emociones son válidas y existen por alguna razón, ninguna es mala ni es incorrecto sentirla y mucho menos deberíamos tratar de huir de alguna de ellas.

Todas las emociones que tenemos y sentimos son mecanismos para desahogarnos y liberar energía que hemos acumulado. Además nos muestran las partes de nosotros que necesitan más amor y cuidado.

Cuando nos sentimos tristes y lloramos, después de un rato, nos sentimos liberados de esa tristeza. La función del llanto es procesar las emociones vinculadas para eventualmente dejar de sentirlas.

### 3.2 Obsérvalas en tu vida para reconocerlas y conocerte mejor.

Si siento dolor, algo pasó que activó esa herida, en lugar de tratar de huir de ella y sentirme culpable por sentirla, me abro a ella y no trato de esconderla.

Por otro lado, observar tus emociones y sentimientos es la base de la responsabilidad emocional. Si siento dolor, no voy a pelearme con mi esposa, gritarle a mi hijo o pelear con el vecino porque me siento enojado o frustrado. Me doy espacio, me retiro un poco, salgo a caminar o hago algo diferente para tener mi lugar y permitirme sentir esa emoción. Así me hago responsable de lo que hago cuando no estoy en mi centro emocional.

### 3.3 Sé amable contigo mismo.

Pasamos gran parte de nuestra vida sintiendo dolor, tristeza y enfrentándonos a desafíos constantes. Cuando vivimos así, experimentamos mucho estrés y estamos en estado de supervivencia todo el tiempo.

Pero recuerda, la única persona que siempre estará ahí para apoyarte y levantarte cuando te caigas eres tú mismo. Así que empieza a practicar ser amable contigo.

Si estás cansado, descansa; si estás estresado, intenta meditar, comer mejor o hacer ejercicio. Date la oportunidad de hacer las cosas que siempre quisiste, como aprender a pintar o ir a ese restaurante que tantas ganas tienes de probar. Poco a poco, te darás cuenta de que no necesitas que alguien más sea amable contigo, porque tú misma te estás cuidando y dándote lo que necesitas.

## Actividad 5:

Haz una lista de las cinco emociones que no te estás permitiendo sentir y describe qué miedo o creencia limitante está evitando que lo hagas.

_____

_____

_____

_____

_____

## Paso 4: Sana tu niño interior.

Recuerdo cuando empecé a estudiar las heridas de la infancia, me imaginé a mí mismo cuando era un bebito. Particularmente una foto en blanco y negro donde estoy en casa de mi abuela en mi sillita, estaba aprendiendo a comer con unos seis meses sonriendo sin dientes.

Cada vez que hago ejercicios de sanación del niño interior, le hablo a ese hermoso niño de la foto.

Ese niño que no supo como manejar lo que estaba sintiendo y que ha pasado todo mi vida sufriendo en silencio, el bebito que se ha sentido abandonado todo el tiempo.

## 4.1 Reconoce su dolor.

Las cosas que le han dolido, las situaciones difíciles y donde no se sintió importante. Pero ahora, como su versión adulta que se ha esforzado por mejorar, le prometo cuidar de él y darle el amor que necesita.

Cuando reconozco su dolor, su tristeza es volver a conectar conmigo en lo más profundo, sanar sus heridas es sanar las mías en el presente.

### 4.2 Acepta que ese niñito manejó la situación lo mejor que pudo.

Podemos culparnos a nosotros mismos por no haber manejado ciertas cosas mejor, pero eso no nos ayudará a sanar.

Reconoce que muchas veces las cosas fueron complicadas y no supo como resolverlas, pero que ahora como adulto te comprometes a hacerte responsable de todos los aspectos de tu vida, hoy puedes cuidar mucho mejor de él.

La magia ocurre cuando nos comprometemos con ese niño asustado y adolorido que eres tú mismo, a cuidarlo y amarlo incondicionalmente.

## Actividad especial:

Te quiero regalar una poderosa meditación de sanación para tu niño interior, la he preparado con mucho amor para ti.
Para escucharla escanea el siguiente código con tu celular y regístrate, te la enviaré sin costo a tu email.

## 5. Reconoce tu valor.

A menudo creemos que somos valiosos por lo que tenemos, por las personas que están a nuestro lado, por el apellido de nuestra familia, dónde vivimos, el auto que manejamos o nuestros logros académicos. Pero la realidad es que todos somos valiosos simplemente por existir y estar vivos en este momento.
No necesitas hacer nada espectacular para ser valioso, ya que eres una persona que vale mucho.
Cuando te reconoces así, te cuidas bien, atiendes tus necesidades y utilizas tu energía para crear más oportunidades. De esta forma, la vida se convierte en un viaje de aprendizaje y crecimiento.

## Actividad 6:

Escribe una lista de cinco cosas que consideres tus mayores atributos, ya sea personal o profesionalmente. Coloca esa lista junto a tu espejo o teléfono celular para recordarte cada día lo valioso que eres.

_____

_____

_____

_____

_____

## Conclusión.

La vida es un camino que puede ir hacia arriba o hacia abajo. A veces te encontrarás en un hueco al que has caído después de haber tropezado y también habrá vistas espectaculares, sorpresas, aire fresco y montañas. Por eso creo que lo mejor es aprender a amar los días nublados tanto como los soleados, en pocas palabras amar plenamente.

Las heridas de la infancia son un gran peso que todos cargamos toda la vida, imagina tratar de correr un maratón cargando 30 kilos extras sobre tus espaldas. Al comenzar a sanarlas vamos descargando ese peso caminando más ligeros, aprovechando mejor tu energía para crear la vida que quieres.

# ÁMATE CON TODA EL ALMA

Todo el tiempo estamos evitando cambiar, nos acostumbramos a que las cosas sean de cierta manera y por comodidad o miedo, siempre estamos luchando contra el cambio. Si tenemos una relación horrible, nos aferramos a ella, tratando de arreglarla, pero evitando a toda costa que las cosas cambien. Si tenemos un trabajo que odiamos, preferimos aferrarnos a él, en lugar de renunciar y buscar otro.

Muchas veces nos quedamos en esos lugares porque ya nos acostumbramos al maltrato, a que no nos respeten, a que nos digan que no somos importantes o que estamos locos. Nos acostumbramos a sentir tristeza, desesperación y preocupación todo el tiempo. Al final, es una paradoja, porque aunque se llama "zona de confort", no estamos realmente cómodos, simplemente vivimos un dolor que ya conocemos.

Ese miedo y resistencia al cambio nos hace sufrir aún más, porque todo en el universo cambia constantemente y nosotros, como seres humanos, no somos diferentes. No podemos evitar el cambio, por ejemplo, nos volvemos más viejos y cambiamos, queramos o no.

Cuando terminé la universidad, tenía terror de buscar trabajo porque pensaba que quizás no me contratarían, pero la universidad terminó y me vi obligado a seguir adelante.

Ese cambio a la fuerza me llevó a ser quien soy hoy, algo externo me forzó a cambiar y me dije: "Bueno, ya estoy aquí, ahora tengo que buscar trabajo". Aún con todos mis miedos, me obligaron a hacerlo. Recuerdo esa transición y cómo cambié, de estar muerto de miedo y creer que no podría conseguir trabajo a reconocer mi valor y saber que estoy haciendo un buen trabajo y sentirme cómodo con lo que estoy haciendo.

El cambio me obligó a reinventarme, a buscar cosas en mí que no sabía que estaban, a demostrarme que soy capaz de lograr lo que me propongo y de convertirme en una mejor versión de mí mismo. Imagina qué pasaría si, en lugar de correr y tratar de evitar que las cosas cambien todo el tiempo, simplemente nos subimos a la ola del cambio como los pájaros o los animales y las plantas. Aceptar el cambio en lugar de pelear y observar todas las lecciones que sin duda nos regalará.

## ¿Cómo cambiar?

Una de las principales razones por las que no cambiamos son las creencias limitantes que tenemos. Este autoconcepto que tenemos de nosotros en cualquier aspecto de nuestra vida. Por ejemplo, si piensas que no eres bueno nadando, nunca te vas a meter a una piscina, no tomarás clases, jamás vas a practicar hasta que te vuelvas bueno nadando. Si en tu cabeza piensas que no eres capaz de hablar otro idioma, nunca te vas a inscribir en una escuela de idiomas, no harás los ejercicios, jamás abrirás la boca para hablar ese idioma y mucho menos tendrás el valor para irte a otro país a estudiar directamente con las personas que lo hablan.

Estas creencias limitantes son una de las principales razones por las que no cambiamos. Puede que hayamos intentado algo una vez y fallado o que alguien nos haya dicho que no podemos hacer algo, pero eso no define nuestra vida. Si realmente queremos cambiar, tenemos toda la capacidad de hacerlo.

Otra forma en la que podemos cambiar es haciéndonos responsables de nuestras vidas. Por ejemplo, siempre he sido muy bueno ganando dinero pero tenía la creencia limitante de que no era bueno administrándolo. Las cosas empezaron a cambiar cuando dejé de culpar a otros y me hice responsable de esa parte de mi vida. Hice un presupuesto, lo seguí religiosamente y adquirí la disciplina en mis gastos. Aceptar mi realidad y tomar acción en ese aspecto de mi vida, me permitió cambiar esa creencia limitante.

## ¿Por qué es tan difícil cambiar?

A veces el cambio será fácil, pero en otras ocasiones no será tan sencillo. ¿Por qué? Porque hay una serie de cosas que lo complican.

La primera de ellas se llama homeostasis, que básicamente es cómo un sistema intenta mantener su equilibrio. No te voy a dar la explicación científica completa, pero te pongo un ejemplo: tu cuerpo es un sistema en homeostasis uno de los aspectos que siempre está regulando es su temperatura, cuando hace mucho frío afuera trata de mantenerse caliente.

¿Por qué la homeostasis complica el cambio? Supongamos que nunca has hecho ejercicio. Tal vez te obligues la primera semana a ir al gimnasio una hora, pero existe esa costumbre e inercia de nunca haberlo hecho. Entonces, para ti, para tu cuerpo, para tu percepción de ti mismo y para tus costumbres, no hacer ejercicio es más normal que hacerlo. Todos estos sistemas están diseñados para que no hagas ejercicio.

Si quieres mantener esa dinámica de hacer ejercicio, tendrás que cambiar muchas otras cosas en tu vida.

## Neuroplasticidad.

Nuestro cerebro está diseñado para utilizar la menor cantidad de energía cada vez que lo usamos. Uno de los trucos que emplea para lograrlo es crear caminos que repetimos todo el tiempo. Cuando haces algo muchas veces, tu cerebro crea un camino de neuronas y cada vez que repites la acción lo va fortaleciendo y la energía fluye a través de él con más facilidad.

Cuando quieres cambiar una costumbre, le dices a tu cerebro que ya no quieres llegar a un punto, sino a otro. Pero entre esos dos puntos no existe un camino de neuronas directo, entonces tu cerebro intentará ir al camino conocido. Por ejemplo, si estás acostumbrado a comer cosas grasosas, aunque decidas comer ensaladas cada vez que te sientes a comer se te antojará una hamburguesa. Por eso, los primeros días en que estás haciendo algo nuevo, como aprender a bailar, no te salen los pasos. Pero conforme practicas, se va formando esa red en tu cerebro que cada vez te permite bailar mejor.

Esa es la razón principal por la cual es tan difícil cambiar nuestras costumbres.

## Las circunstancias de la vida.

En el ejemplo del ejercicio, si no tienes suficiente ropa para ir al gimnasio o no tienes transporte para llegar, será más difícil que suceda.

A diferencia de cuando tienes una rutina establecida, como ir a trabajar, donde sigues la misma ruta y tienes todo lo necesario para cumplir todos los días. Cuando cambias de trabajo o rutina, ya no tienes toda esa red de soporte y tendrás que construir una nueva.

Cuando una pareja casada ya no quiere seguir junta, o personas que tienen un noviazgo de hace mucho tiempo y quieren terminarlo. Una de las razones principales por las cuales no lo hacen es que simplemente terminar significaría cambiar su vida completamente. Porque toda su vida está organizada alrededor de la otra persona o con la otra persona: viven en la misma casa, comparten el mismo coche, comparten el mismo dinero, etcétera.

Salir de ese lugar sería volver a construir toda su vida: ingresos, trabajos, familia, amigos, costumbres y muchas cosas más. Por eso, muchas veces, personas que están viviendo relaciones horribles, relaciones en las que están sufriendo todo el tiempo, prefieren quedarse en esa relación, tratando de arreglarla, en lugar de decir: "Bueno, ya tuve suficiente, voy a armar mi propia vida", porque eso es difícil y da mucho miedo.

### Reconoce que a veces las cosas saldrán diferente a lo que quieres.

También te aconsejo que consideres que muchas veces las cosas saldrán distintas a lo que esperas. Por ejemplo, yo esperaba terminar la universidad y encontrar un trabajo increíble que me hiciera millonario a los 30 años, pero las posibilidades de que eso ocurriera eran escasas. Las cosas salieron distintas a como las esperaba, pero al final del día, salieron como debían para convertirme en lo que soy ahora.

Aquí es donde entra nuestra capacidad de adaptarnos y seguir adelante. Si enfrentamos este proceso de cambio con amor hacia nosotros mismos y hacia los demás, estoy seguro de que lo lograrás. Yo lo he vivido y lo vivo todos los días, una de mis misiones diarias es poner la menor resistencia posible al cambio, aunque a veces me resulta complicado.

Por ejemplo, ahora que está Pablo en nuestras vidas, salir es toda una odisea. Las madres lo sabrán, nunca salimos a tiempo y los planes siempre cambian. Siempre es un desafío adaptarse a estas circunstancias.

## Actividad 1:

Haz una lista de tus principales miedos en estos aspectos de tu vida: profesional, personal y de pareja.

_____

_____

_____

_____

_____

_____

_____

_____

## Actividad 2:

De la lista anterior, tacha los miedos que no han sucedido ni están sucediendo en este momento. Reconoce cuántos de ellos solo ocurren en tu imaginación.

## ¿CÓMO AMARME?

Es probable que ya hayas escuchado que la clave es aprender a amarte, por experiencia te puedo confirmar que esto es cierto.

Esa es la base y la clave de todo, pero ¿cómo rayos le hacemos para amarnos? Cuando yo estaba en el proceso de mejorar mi autoestima, no me quedaba claro como hacerlo.

En 2017, estaba sufriendo, deprimido, triste, y sentía que estaba incompleto y pensaba que algo estaba muy mal en mí.

Me tomó mucho tiempo reconocerlo pero hoy quiero decirte que no estás incompleto; por el contrario, eres perfecto como eres. Siempre tendremos retos y cosas que queremos cambiar, pero al enfrentarlas y hacernos responsables de ellas nos conocemos mejor.

En mi trabajo con personas en su proceso de transformación personal, no las veo como incompletas o falladas, para mí simplemente están un poco confundidas. Cuando compras una lavadora, trae un manual que te enseña cómo usarla, pero cuando venimos a este mundo, no traemos manual y tenemos que descubrir cómo amarnos y cuidarnos a nosotros mismos en el camino.

## El amor no es un lugar al que llegamos.

Cuando compres tu coche, después de conseguir ese trabajo, serás increíblemente feliz. Pero, llegas a ese punto, lo disfrutas por un tiempo y te acostumbras al coche, al trabajo, al dinero. Llegas a ese lugar donde creías que serías completamente feliz, te das cuenta de que no lo eres y comienzas a buscar otra cosa para tratar de ser completamente feliz de nuevo, pero tampoco lo serás.

Cuando estaba en ese momento oscuro de mi vida, creía que iba a llegar un punto en el que ya sabría amarme tanto que nunca más sentiría miedo ni dolor, prácticamente sería un ser de luz levitando en lugar de caminar con una vida perfecta.

Pero conforme avanzaba comprendí que no hay sentimientos ni situaciones malas de las que debamos huir, que el amor es plenitud y eso significa ser capaz de amar todo, lo que nos gusta y lo que no.

Cuando dejé de tratar de correr de las cosas que no me gustaba sentir, encontré algo que no esperaba: las más grandes lecciones de amor se encuentran escondidas detrás del miedo, del dolor y de todas las situaciones de las que estamos tratando de escapar.

En ese momento pude reconocer que nunca me graduaría de la escuela del amor propio y que aprender a amarme sería un proceso que duraría toda la vida.

La vida es un proceso de autoconocimiento que nunca termina ya que siempre estamos cambiando y nuestras expectativas también. Por ejemplo, cuando tenía ocho años, quería ser astronauta, pero ahora, a los 40 años, eso ya no es una opción. Ahora busco una vida plena y compartir mi vida con mi familia.

Si lo piensas podrás ver que eres diferente a como eras hace dos años, e incluso hace tres meses. Estos cambios nos permiten conocernos mejor y descubrir aspectos de nuestra vida que antes no veíamos. Un ejemplo claro es cuando me convertí en padre: mi perspectiva de la vida cambió por completo y experimenté un amor inmediato e intenso por mi hijo que nunca antes había sentido.

## El amor propio se practica todos los días.

Amar y amarnos es algo que hacemos todos los días, algo que practicamos constantemente. Cuando despierto en la mañana, tengo dos opciones: no ir al gimnasio y quedarme en la cama, o ir y hacer el ejercicio que sé que mi cuerpo necesita. Una de esas opciones significa no amarme, no cuidarme como lo necesito, la otra es un acto de amor propio.

Después de hacer ejercicio, al regresar a casa, tengo otras dos opciones: desayunar algo grasoso que me hará daño o prepararme algo saludable. De nuevo, puedo elegir no amarme o cuidar de mí.

Lo mismo ocurre con todas las decisiones que tomo durante el día, como trabajar para crecer en lo profesional o cuidar mi matrimonio.

Ante cada decisión tengo solo dos opciones: hacer algo que significa no cuidarme y no amarme o hacer algo que significa cuidarme y amarme.

Aquí está la clave de todo: amarnos a nosotros mismos es algo que se repite todos los días en cada decisión que tomamos.

Ver el amor desde esta perspectiva cambió todo porque ya no dependo de situaciones externas ni de otras personas, la decisión siempre es mía.

## Reconozco mi responsabilidad en mi felicidad.

Ya no busco culpables afuera, en lugar de eso me pregunto por qué sucedieron las cosas para encontrar las áreas de oportunidad, esas donde no cuidé bien de mí.

Todo lo que no me gusta actualmente son solo consecuencias de no haber cuidado bien de mi en esos aspectos de mi vida, ahora que los puedo reconocer puedo hacerme responsable de ellos para comenzar a transformarlos.

## LOS SÍNTOMAS, NO LA ENFERMEDAD

Emociones como la tristeza, el miedo así como el dolor que sentimos en nuestras vidas, son síntomas de que algo no funciona bien. Pero estos síntomas no son el problema en sí; simplemente nos muestran áreas de oportunidad para aprender a amarnos y cuidarnos mejor.

Al final del día, no se trata de huir de estas emociones, sino de prestarles atención. Cuando estás enfermo y vas al médico, él observa los síntomas y a partir de ellos determina qué está pasando.

Es lo mismo que debemos hacer aquí. ¿Cuáles son los síntomas de esta situación? Tristeza, dolor, miedo, ansiedad, desesperación... Ve más profundo y pregúntate de dónde viene todo esto. Tal vez te des cuenta de que es la falta de valor para dejar una relación en la que sufres, cambiar de trabajo, emprender o buscar un empleo mejor remunerado. Pregúntate: ¿qué hay detrás de esta emoción?, ¿qué aspecto de mi vida necesita más atención?, ¿qué aspecto de mi vida necesita que yo me haga cargo y me haga responsable para que deje de doler?

Cuando prestamos atención a una herida y le damos el tiempo y los cuidados necesarios esta sanará y dejará de doler.

## ESTADO PRIMITIVO VS ESTADO CREATIVO

Los seres humanos tenemos dos estados: el primitivo que es cuando decidimos utilizar todas nuestras capacidades y habilidades para desde el miedo destruir y causar caos. Y el creativo donde desde el amor decidimos crear, unir y crecer.

En cada decisión que tomamos en la vida siempre podemos elegir entre ambos estados, podemos escoger hacer la tarea que no queremos hacer, molestos y de mala gana. O puedo decir: "Bueno, eso es algo que tengo que hacer, tal vez no lo quiero hacer, tal vez no es el momento para mí, pero tengo que hacerlo y me voy a sentar y lo voy a hacer de la mejor manera que pueda, aprenderé lo más que pueda y disfrutaré esto en la medida que pueda, quizás no al 100%, pero trataré de disfrutarlo".

Para lograr esto, el primer paso es reconocer cómo nos sentimos ante cada situación. Esta es una de las razones principales por las que primero enseño la meditación activa en mi metodología ya que al reconocer cómo te sientes y observar tus pensamientos, puedes darte cuenta de que algo no está saliendo como debería o como te gustaría.

El segundo paso es el autoajuste y para explicarlo te doy un ejemplo, si me doy cuenta de que me estoy enojando, tengo dos opciones: seguir discutiendo, sabiendo que me enojaré más y en algún momento explotaré y diré cosas que no quisiera; o puedo decir: "Hey, ya estás llegando a tu límite, mejor tomaré un tiempo para relajarme y pensar bien las cosas". Así, me hago responsable de mis emociones y de lo que hago, sobre todo en esos momentos cuando estoy perdiendo el control.

En el primer ejemplo decidí dejarme llevar por el estado primitivo y el resultado fue lastimar a la otra persona, en el segundo desde el amor elegí ser prudente y responsable de mis emociones para luego encontrar una solución que beneficie a ambos.

## PERFECCIÓN O PLENITUD

Creo que no venimos este mundo a ser perfectos. La perfección es totalmente subjetiva, lo que es perfecto para ti, seguramente no lo es para mí y viceversa.

Entonces, la perfección es simplemente tu definición personal, si cada persona tiene una definición de perfección, podemos concluir que la perfección en sí no existe, solo la opinión de las millones de personas que vivimos en el mundo.

Lo que sí creo que existe es el concepto de plenitud, que para mí es la aceptación plena y amorosa de todas las experiencias que podemos vivir como seres humanos.

Esto incluye cualquier punto del espectro de emociones, sentimientos y experiencias, desde la felicidad extrema hasta la más profunda tristeza.

Al dejar de escapar de nuestros sentimientos y reconocer el miedo, el dolor y todas las emociones que normalmente catalogamos como negativas, como herramientas que nos permiten encontrar áreas de nuestra vida que necesitan más atención y amor de nuestra parte. Podemos entender su razón de ser y amarlas cada vez que se presentan.

Ya que a veces vamos a estar en un extremo, otras en el otro y a veces en medio, amar plenamente significa poder sentirte cómodo estando en cualquiera de estos lugares. Es decir, estoy triste y me permito sentir esa tristeza, porque al final, cada una de estas situaciones es una oportunidad de conocernos mejor y de escoger amarnos bien.

# FELICIDAD

Me gustaría que pienses cuáles son tus prioridades en la vida. Como seres complejos, tenemos diferentes prioridades en los distintos aspectos de nuestras vidas. En lo personal, quizás tu prioridad sea formar una familia o encontrar a alguien con quien tener una relación de pareja.

Te recomiendo tener claras tus prioridades en cada aspecto de tu vida.

También es importante preguntarse cuáles son tus valores, como el respeto, gratitud y honestidad.

Somos felices cuando vivimos alineando nuestros valores con nuestras prioridades.

Por ejemplo, si tu prioridad es encontrar a alguien con quien formar una familia y tener un par de hijos, pero te mantienes en una relación con alguien que no quiere comprometerse, estás lejos de tus prioridades y valores, por lo tanto siempre te sentirás frustrado e infeliz.

En el momento en que decidas ser honesto contigo mismo y escojas compartir tu vida con alguien que comparta tus prioridades y valores las cosas fluirán con facilidad y sentirás que caminan juntos hacia el mismo destino.

A veces, el miedo y la resistencia al cambio nos impiden tomar decisiones importantes, pero la fórmula de la felicidad es simple: define tus prioridades y valores en todos los aspectos de tu vida e intenta vivir lo más alineado posible con ellos.

## Actividad 3:

Esta actividad se divide en cuatro partes:

1. Haz una lista de tus valores.
2. Haz una lista de tus prioridades en la vida, esas cosas que no quieres perderte.
3. Analiza qué prioridades no están alineadas a tus valores.
4. Escribe una serie de acciones que tomarás a partir de hoy para hacerte responsable de alinearlas.

## ACEPTACIÓN PLENA

Para mí, la plenitud es esta gran lección de amor ya que es fácil amar algo cuando las cosas van bien, como amar mi trabajo cuando todo sale súper bien, gano mucho dinero, tengo reconocimiento y logro cosas que me permiten hacer mucho más. Pero es difícil amarlo cuando las cosas no salen como espero, cuando tengo que esforzarme muchísimo y no me pagan bien.

La gran lección en esta experiencia llamada vida es aprender a amar todo lo que me gusta y también lo que no me gusta.

Esto también aplica en el amor propio, aprender a quererme a mí mismo, mirando hacia adentro y reconociendo todo lo bueno que tengo: mis virtudes, mis dones, y todo lo que me gusta de mí mismo. Pero también aceptando todas las áreas en las que necesito mejorar, todas las heridas y dolores que tengo, y todas aquellas cosas que no hago tan bien como quisiera. Esto es amarnos en plenitud.

## UNA NUEVA VERSIÓN DE TI

¿Cómo puedes reinventarte y convertirte en una versión más evolucionada de ti mismo? Te regalo algunos conceptos que me han ayudado a transformar mi vida:

• Reconoce tu poder interior y la capacidad que tienes de transformar tu realidad y vivir la vida que quieres.

• Deja de culpar a las demás personas de tus desgracias y hazte responsable de tu felicidad.

• Acepta que a pesar de las dificultades, siempre estás donde debes estar para aprender tus lecciones y crecer.

• Dedícate a trabajar en ti mismo para convertirte en la persona que quieres ser.

• Estás en el momento perfecto y siempre lo estarás, rodeado de las personas adecuadas para que puedas aprender tus lecciones.

• Si no estás feliz o cómodo, tienes la responsabilidad y capacidad de crear una nueva versión de tu vida que esté más alineada a tus prioridades y valores.

• No te conformes con menos de lo que mereces, sigue buscando hasta encontrar aquello por lo que has estado trabajando.

• Aprende a amar el camino hacia ese objetivo porque nunca llegarás a una felicidad definitiva; tienes que aprender a ser feliz en el presente.

- Ama todo, incluso las dificultades, el miedo y la tristeza. Este es uno de los desafíos más grandes del amor.

## DIMENSIONES DEL SER

Nuestra experiencia humana puede ser dividida en cuatro aspectos fundamentales: mente, emociones, cuerpo físico y energía.

### 1. Mente:

Nuestro cerebro tiene una sola función: pensar. Los pensamientos vienen uno tras otro sin parar, incluso a veces no hemos terminado de analizar algo y ya estamos pensando en otra cosa.

### 2. Emociones:

Si observas con cuidado podrás darte cuenta que cada pensamiento tiene vinculada una emoción, cuando vamos a nuestro pasado y recordamos una situación donde sufrimos, comenzamos a sentir dolor.

Al imaginarnos como será nuestro futuro, dependiendo de como lo proyectes podrías sentir ansiedad o mucha emoción por lo que podrás estar viviendo.

### 3. Cuerpo físico:

Es este increíble mecanismo que nos permite experimentar este mundo físico y a través de él transformarlo. Tiene una conexión directa con nuestras emociones, por ejemplo, cuando nos sentimos tristes inmediatamente cambia el ritmo de nuestra respiración, la postura de todo nuestro cuerpo e incluso nos sentimos más cansados.

### 4. Campo energético:

La mejor manera que he encontrado para explicar esta dimensión es que imagines un teléfono celular, podrás tener el mejor equipo, el de última generación pero si no lo has cargado, es tan útil como un pisapapeles.

La energía de tu cuerpo es la que hace que todo el sistema funcione y al igual que con tu teléfono móvil fluye a través de todo tu cuerpo.

Este campo energético está estrechamente conectado con tus emociones y tu cuerpo físico, en el ejemplo anterior, cuando sentimos tristeza tu energía baja considerablemente y todo parece más difícil de hacer.

## Todo está conectado:

Aunque a simple vista parece que cada una de estas dimensiones funcionan de forma independiente, la realidad es que están conectadas de manera directa.

Tu mente piensa en algo que cambia como te sientes, modificando tu cuerpo físico y la intensidad de la energía que corre por tu cuerpo.

Como seguramente has podido deducir, la clave es aprender a enfocar nuestra mente, porque al escoger nuestros pensamientos y a qué enfocamos nuestra energía podemos crear la realidad que queremos.

Imagina a una persona que quiere ser exitoso profesionalmente, pero todo el día está pensando que no es suficiente, que no es inteligente, que no tiene la capacidad de hacer lo que se propone y como resultado se siente sin energía para comenzar. ¿Crees que en algún momento de su vida podrá alcanzar eso que tanto anhela?

Por otro lado, tenemos a otra persona que a pesar de sentir inseguridad y miedo, todos los días se repite que podrá lograrlo y enfoca su atención en buscar la manera de lograr sus metas. Dedica su tiempo a prepararse y a trabajar duro para poco a poco ir avanzando hacia sus metas.

Ambas personas tienen la misma capacidad de crear su realidad, la diferencia es a lo que deciden enfocar su atención. El primero usa su cerebro para buscar excusas, el segundo utiliza esa misma capacidad para encontrar soluciones que lo acercan a la realidad que quiere vivir.

Siempre estamos creando, escoger a qué enfocas tu atención es la diferencia entre crear caos o una vida que quieras vivir.

## AUTORREGULARSE

Aunque lo ideal sería siempre poder escoger tus pensamientos para mantener el sistema en perfecto equilibrio, la realidad es que eso no siempre sucede.

En este caso la meditación activa es la mejor herramienta que tienes para observar qué parte de ti está fuera de su centro y necesita ser ajustada.

Cada una de las dimensiones puede ser equilibrada por sí misma y al estar directamente conectadas automáticamente las demás se ajustan. Por eso, después de hacer ejercicio te sientes mucho mejor, aunque físicamente estés cansado sientes tienes más energía y emocionalmente comienzas a sentirte diferente.

## Actividad 4:

Diseña una rutina que al repetirla te permita resetear tu sistema todos los días. La mía incluye: hacer ejercicio, comer de manera saludable y meditar.

Así no importará lo complicado que haya sido el día, esta rutina te ayudará a regular tu sistema y sentirte en equilibrio.

# CONCLUSIÓN

Cuando tengo la intención de amarme todos los días y prestar atención a las decisiones que tomo en cada momento, preguntándome si me hace bien o mal, si me hace crecer o retroceder y pueda escoger en la mayoría de las veces lo que me hace bien, me hace crecer y ser una mejor versión de mí mismo, en esa medida empezaré a vivir el amor propio.

Todo depende de ti y de las decisiones que tomes a cada momento para amarte más.

Este es el secreto: El amor, es algo que se practica a diario.

## Actividad 5:

Haz una lista de dos creencias limitantes en estos aspectos de tu vida: profesional, personal y de pareja.

Describe las acciones concretas y claras que tomarás a partir de ahora para hacerte responsable de ellas. Recuerda que el amor propio se practica todos los días.

# RELACIONES SANAS

Comenzaremos hablando sobre relaciones en general y luego nos enfocaremos en las relaciones de pareja, porque al final del día, si nuestras relaciones de pareja no funcionan, seguramente también tendremos dificultades con mamá, papá, hermanos, amigos y compañeros de trabajo.

## ¿Por qué respetar es amar?

Cuando estamos en una relación, especialmente si no hay mucha comprensión de un apego sano y responsabilidad emocional, tendemos a fusionarnos con la otra persona.

Creemos que la otra persona debe hacer, pensar y querer lo mismo que nosotros, pensamos que, por tener una relación larga, la otra persona ya es capaz de leernos la mente y siempre acertar en lo que queremos.

En mi experiencia y en lo que he visto con las personas con las que trabajo, una relación debe estar basada en el respeto de la individualidad.

Yo soy una persona independiente y tú eres otra persona independiente; decidimos compartir un mismo camino y compartir nuestras vidas, pero yo respeto lo que te gusta hacer, tus amistades, la relación que quieres llevar con tus amigos, padres, hermanos, etc., y espero que también respetes la forma en la que yo quiero llevar estas relaciones.

Hay un dicho que siempre refuto, que seguramente has escuchado: "debemos tratar a las personas como a nosotros nos gusta ser tratados". Para mí, eso es lo más falso y sin sentido del mundo. ¿Por qué? Porque cada uno de nosotros tiene una personalidad diferente, diferentes costumbres, culturas, idiomas, formas de ver la vida, educación, puntos de vista y experiencias. Todo eso nos hace seres humanos completamente distintos, buscando cosas diferentes y teniendo diferentes necesidades, expectativas, metas profesionales y personales.

Cuando no respetamos la individualidad de la otra persona, empezamos a tratar de controlarla, manipularla y hacer que haga lo que queremos, incluso recurriendo a amenazas, venganzas, dejar de hablarle o dejar de hacer cosas por ella.

Para mí, las relaciones basadas en el amor siempre deben estar basadas en el respeto, comprendiendo que cada persona debe ser tratada como a ella le gusta ser tratada.

Para lograr esto, es necesario preguntarle o comunicarnos de manera bidireccional, para saber cuáles son sus necesidades, entender qué le gusta, empatizar, saber cómo quiere hacer las cosas, qué busca en la relación, hacia dónde va y qué espera de compartir con nosotros. También es importante saber de qué manera quiere compartir, cuánto tiempo y hasta dónde está dispuesto a dar.

No debemos asumir que sabemos lo que la otra persona quiere sin preguntarle, y mucho menos decir "esto es lo que tienes que hacer porque es lo que yo quiero que hagas". Eso solo nos hará sentir incómodos y limitados por las expectativas del otro. El respeto a la individualidad de cada persona es fundamental para tener una relación sana, junto con la comunicación y otros aspectos importantes.

## Aprender a respetarte.

No podemos dar lo que no tenemos, y por eso primero tenemos que aprender a respetarnos a nosotros mismos.

Desde ahí podemos empezar a entender cómo funciona el respeto. Por ejemplo, si estás trabajando y tu jefe te llama los domingos a las diez de la noche, cuando tu horario es de lunes a viernes de nueve a cinco, y te marca 20 veces porque necesita algo que se le olvidó pedirte, eso viene de una persona que no se respeta a sí misma.

Si llega el fin de semana y te dedicas a descansar, a estar con tus hijos y sabes respetar ese tiempo, es muy poco probable que pases por encima del tiempo de otra persona.

El respeto viene de adentro hacia afuera y puedes ir desarrollándolo con el tiempo. Lo importante es que ahora empieces a analizar esas partes de tu vida donde no te estás respetando a ti misma y que no estás respetando el tiempo, la vida, los deseos o las necesidades de las otras personas.

Si llevamos esto al campo de las relaciones de pareja, al practicar ese respeto en ti misma, tal vez la otra persona empiece a notar el cambio y quiera ser parte de eso. O simplemente, tú puedes decidir irte hacia otro lado para buscar a alguien que esté en ese mismo canal y entienda cómo respetar a su pareja.

## Actividad 1:

Haz una lista de las cosas que no te han gustado de tus parejas anteriores o actual (si solo has tenido una).

Recuerda que lo que las demás personas deciden hacer es su responsabilidad y solo nos enseñan y recuerdan los aspectos de nuestra vida que necesitan atención. Revisa cada una de las cosas que no te han gustado y cuáles son las lecciones que te están enseñando. Por ejemplo: Si tus parejas no respetan tus opiniones ni tu tiempo, tienes la oportunidad de practicar poner límites sanos.

## LÍMITES SANOS

Los límites son la base del respeto y tenemos que establecerlos primero para nosotros mismos para saber exactamente hasta dónde estamos dispuestos a llegar en esa relación.

Te comparto un ejemplo, a veces en redes sociales o en los comentarios de mis videos de YouTube me dicen cosas como "mi novio sale de fiesta los fines de semana con sus amigos y se pone borracho, y no quiero que lo haga porque algo le puede pasar". Ok, entiendo que no te parece bien, pero ¿ya le preguntaste por qué lo hace?, ¿te tomaste el tiempo para escuchar su punto de vista sin gritarle, tratar de manipularlo o insultarlo?

Un buen ejemplo de cómo establecer un límite sano es decir algo como "no me gusta la idea de que salgas así, porque luego manejas borracho y te pueden detener, o puedes hacerle daño a alguien. Me preocupo por ti y no quiero eso en mi vida". Y luego escuchar su punto de vista. Si te dice que se va en Uber, pues está bien, te da más tranquilidad.

Lo importante es hablar con la otra persona de manera tranquila y civilizada. Si la otra persona no te escucha y te dice que no le importa tu opinión, pues ahí es donde tú tienes que decidir si eso sobrepasa tus límites y si estás dispuesto a aguantar esa situación o no. Si eso sobrepasa tus límites, entonces quizás debas buscar a alguien más alineado con tus prioridades y valores.

Otro ejemplo que puedo darte es: "A mí no me gusta que hables con tus exnovios" Si tú me dices que tu ex es tu mejor amigo y no dejarás de hablar con él, pues está bien, no hay problema en que hables con él. Pero tampoco está mal que a mí no me guste. Claro, esto será un problema siempre así que mejor evitamos discusiones, yo buscaré a quien no mantenga una relación con ellos y tú buscarás a alguien que no tenga problemas con la amistad con tu ex.

Una vez que tengas claros tus propios límites, es momento de comunicarlos, para que la otra persona sepa hasta dónde estás dispuesto a llegar en una relación.

Si no pueden encontrar un punto medio en el que ambos estén cómodos y decides quedarte, básicamente estás aceptando estar en una relación donde sufrirás todo el tiempo y estarás enojado.

## Decir NO sin culpa.

Cuando le digas a alguien que está acostumbrado a hacer lo que quiere contigo, como ese amigo que siempre te pide dinero prestado y nunca te lo devuelve, o el jefe que te llama un domingo por la noche para que hagas un reporte, o tus padres que te dicen que tienes que hacer algo porque ellos lo dicen, en el momento en que digas "no" por primera vez, va a explotar una bomba atómica. Ya que están acostumbrados a pasarte encima y a que hagas lo que ellos dicen todo el tiempo.

Cuando levantes la mano y digas "no", habrá resistencia por parte de la otra persona. Puede ser enojo, dejarte de hablar, amenazarte o incluso vengarse. Lo único que están tratando de hacer es mantener el control que siempre han tenido sobre ti.

Pero si tienes muy claro lo que quieres, podrás mantenerte firme. Establecer límites no es egoísmo, es querer que se respete tu descanso, tiempo, dinero, espacio y hasta dónde quieres llegar. Tienes toda la libertad y el derecho de pedir y ver que estos límites se respeten.

## Actividad 2:

Haz una lista de los cinco aspectos en tus relaciones en donde sientes que es necesario establecer límites sanos. Te recomiendo revisar cada relación en particular, por ejemplo: tu pareja, papá y mamá. Ya que aunque encontrarás aspectos en común, cada persona en nuestra vida nos está enseñando una lección diferente.

_____

_____

_____

_____

_____

# RESPONSABILIDAD EMOCIONAL

Se refiere a cómo nos comportamos o lo que hacemos cuando sentimos o vivimos una emoción. Si estoy enojado, ¿qué hago conmigo y con los demás? Por ejemplo, puedo explotar y decir cosas que harán daño a las demás personas o puedo reconocer que ese no es el mejor momento para resolver la situación y mejor me retiro para calmarme y pensar bien antes de actuar.

La responsabilidad emocional funciona en tres niveles, el primero es como te tratas a ti mismo, por ejemplo a veces cuando me enojo me digo cosas como "eres un imbécil, nadie te quiere, no lo vas a lograr", tratarme mal es no cuidar bien de mi ya que cuando estoy centrado, no me hablo de esa manera.

Te recomiendo preguntarte ¿por qué te conviertes en tu peor enemigo?

El segundo nivel es como reaccionamos ante los demás, como cuando tu pareja no hace lo que tú quieres o tus compañeros de trabajo no entregan un proyecto a tiempo. ¿Eres capaz de autocontrolarte, mantener la calma y el respeto a los demás cuando no hacen lo que tu esperas?

El tercer nivel tiene que ver con cómo reaccionas cuando otras personas te tratan mal. Recuerda que siempre tenemos la capacidad de decidir cómo queremos que nos traten y poner límites sanos como no permitir que nos griten o nos hagan sentir menos.

# RESPONSABILIDAD AFECTIVA

Esta se da con las personas con las que tenemos vínculos emocionales, tu pareja, tus padres, tus amigos, etc. Y está relacionado con lo que hacemos para cuidar el amor que entregamos y recibimos de esas personas.

La falta de responsabilidad afectiva se da cuando incumplimos acuerdos previos, pueden ser cosas simples como llegar tarde a una cita o algo más serio como una infidelidad.

Saltarse los límites establecidos con la otra persona también es una falta de responsabilidad afectiva, así como romper la comunicación, ya sea gritando, ignorando a la persona, pateando cosas o salir corriendo.

No se trata de que yo sea la víctima y tú mi victimario, sino que estamos intercambiando un mismo nivel de conciencia y entendimiento. Si me permito estar con alguien que me ignora o me quita valor todos los días, entonces tengo que preguntarme por qué creo merecer estar con alguien así y porque escojo compartir mi tiempo y vida con esa persona.

La responsabilidad afectiva sana empieza con una comunicación clara y honesta.

Si iniciamos una conversación solo para ganar y hacer sentir a la otra persona que tenemos la razón, eso no es comunicación, sino un acto de nuestro ego que arma un teatro para pelear con la otra persona y demostrar que somos superiores de alguna manera.

El objetivo de comunicarnos es exponer nuestro punto de vista y escuchar lo que la otra persona tiene que decir: sus necesidades, objetivos, miedos, inseguridades y lo que quiere, porque se siente de cierta manera.

Para desde la empatía y el amor, buscar llegar a un punto en común que funcione para ambos.

Para lograrlo, probablemente ambos tendremos que renunciar a algunas cosas.

Cuando iniciamos una conversación con el objetivo de conciliar, las probabilidades de llegar a un punto medio y solucionar los problemas son mucho más altas.

Te sugiero que te preguntes: ¿las discusiones que tengo con personas con las que no puedo hablar, o con las que siempre termino peleando, gritando y armando un drama, ¿son para conciliar o para sentir que gané la discusión a toda costa?

## Estamos acostumbrados a discutir por discutir.

He notado que especialmente con personas con las que tengo una relación de mucho tiempo, tenemos como una rutina para discutir.

Solo tienes que ver a la persona acercarse y por la forma en la que está caminando y sus expresiones ya sabes que comenzará una pelea, antes de que abra la boca tú ya has preparado tu respuesta a la que esa persona reaccionará con más fuerza y así irá escalando en tono hasta que alguno de los dos explote y nos separemos sin haber solucionado las cosas.

Por eso te sugiero que la próxima vez que discutas con esa persona que te saca de quicio en dos segundos, prestar atención a esos patrones y comiences a cambiarlos manteniendo la calma y enfocando la intención de la plática a conciliar y solucionar el problema.

En una relación con responsabilidad afectiva, hay un cuidado mutuo. Por ejemplo, cuando hablo con mi esposa, trato de no ofenderla y hacerla sentir valorada, aunque a veces mis heridas emocionales pueden afectar lo que digo.

Siempre actúo con la intención de no hacerle daño porque ella no es mi enemiga, sino mi compañera de vida.

Aunque a veces podemos fallar, cuando uno de nosotros se siente herido, podemos hablarlo y llegar a un acuerdo, así es como todos los días construimos una relación sana.

Por último, te recomiendo comparar cómo son tus relaciones en este momento en cuanto a responsabilidad afectiva, con todos: familia, amigos, relaciones profesionales, parejas. Así podrás ver la calidad de relaciones y personas que tienes a tu lado.

## Actividad 3:

Haz un análisis de tus relaciones y escribe una lista de los momentos en los que te gustaría tener más responsabilidad emocional y afectiva con cada persona.

## ESCOGE BIEN A LAS PERSONAS CON LAS QUE COMPARTES TU VIDA

Una de las cosas que han cambiado mi vida para bien es entender que las personas cambian a su ritmo y cuando quieren y que no puedo cambiar a nadie. Al reconocer esto y querer compartir mi vida con personas responsables afectiva y emocionalmente, me he despedido de amigos de mucho tiempo que ya no estaban alineados con lo que quiero en mi vida. Al alejarme de ellos, mi vida se volvió mucho más pacífica, con menos problemas y drama.

Tengo un filtro bien claro, si no sabes respetarme, no me involucro contigo. A veces es complicado, especialmente si son personas cercanas o cercanas a mis seres queridos, pero soy firme en no compartir mi tiempo con personas caóticas.

Es una decisión diaria decidir con quién sí y con quién no, pero el resultado es que mi vida es tranquila.

## APEGO EMOCIONAL

Seguro han visto en las redes sociales, publicaciones que dicen que el apego es malo y que hay que desapegarse de las relaciones que no funcionan y del pasado. Pero, ¿qué es realmente el apego y dónde se forma? ¿Es tan malo como dicen?

El apego emocional comienza en el primer año de vida del bebé, aunque podría decir que empieza incluso antes, durante la gestación, cuando la mamá le habla, le da amor y cuidados. Sin embargo, el apego se fortalece en ese primer año de vida, cuando los niños reciben atención y cuidado de los adultos responsables de él. Naturalmente, el apego más fuerte se forma con la mamá, ya que ella los alimenta y cuida.

La forma en que te relacionas con tus padres en ese primer año de vida y durante tu infancia, es cómo te relacionarás con otras personas cuando seas adulto. Así que analiza bien cómo fue esa relación emocional de apego con tus padres, porque eso te dará muchas respuestas.

### Ansioso y ambivalente.

Se forma cuando los padres o cuidadores a veces están y otras veces no están disponibles para el niño. Esto puede ser justificado o no, como cuando los padres trabajan por la mañana y el niño se queda con su abuela, solo estando disponibles por la tarde y noche.

Esto puede causar desconfianza en el niño, ya que sabe que puede contar con sus padres, pero no siempre. Como resultado, cuando crecen, pueden desconfiar de sus parejas en sus relaciones, temiendo que los engañen o los abandonen.

## Apego evitativo.

Es decir "no te rechazo del todo, pero tampoco estoy totalmente disponible emocionalmente".

Estos padres son emocionalmente distantes. Por ejemplo, hace 30 o 50 años, el machismo era mucho más marcado y había esa creencia de que los padres no debían abrazar a sus hijos, ni ser demasiado cariñosos con ellos. Entonces, el padre estaba presente, pero no mostraba afecto directo.

La persona desarrolla una autosuficiencia compulsiva y distancia emocional.

## Apego desorganizado.

Es la combinación de los dos anteriores y los efectos en la persona son aún peores. Aquí, los padres son negligentes con el niño, poniéndolo en riesgo. Esto hace que la persona crezca pensando que no puede confiar en los demás y siempre esté a la defensiva. Les cuesta mucho establecer vínculos sanos con otras personas e intimar con ellas.

## Apego seguro.

Que es el apego sano, los niños con este tipo de apego tienen padres presentes y atentos a sus necesidades. Estos niños son emocionalmente más estables y pueden regular sus emociones ya que tienen una base firme para relacionarse con los demás porque saben lo que es el amor.

Ahora, imagina a alguien que creció con un apego desorganizado, donde nunca lo abrazaron, nunca le dijeron que lo amaban y nunca lo cuidaron. Básicamente, sobrevivió a su infancia. ¿Cómo puede esa persona conocer el amor y entender cómo ser tratado con amor?, ¿cómo puede sentir amor hacia sí mismo y hacia los demás si sus padres, que debieron enseñarle el significado de un amor seguro y sano, no lo hicieron?

Claramente, estas personas siguen repitiendo patrones y experimentan situaciones de falta de amor porque no saben lo que significa ser amados.

## ¿Cómo educar a los niños con apego seguro?

Lo que se necesita es criar niños que sientan que tienen apoyo y la libertad de explorar el mundo, sabiendo que siempre hay alguien detrás para ayudarlos y apoyarlos. No para hacerlos dependientes, sino para que se sientan seguros y tengan una red de soporte emocional que todos necesitamos.

Mientras más firmes sean las bases en las que se eduque a un niño, más seguros de sí mismos serán, reconocerán su valor y habilidades, y construirán sobre eso.

Estos niños crecen con más seguridad, responsabilidad emocional y afectiva porque viven en hogares donde los padres resuelven sus diferencias hablando y llegando a acuerdos, no gritando o desapareciendo por una semana. Esa es la gran diferencia.

Esta es una de las razones por las que debemos sanar nuestras heridas de la infancia: si aprendemos a tener y formar un apego seguro, vamos a criar niños capaces de formar este mismo apego con nosotros. Esa es la gran responsabilidad de ser padres.

## RELACIONES DE PAREJA

Creo firmemente que nuestras parejas son nuestros mejores maestros, te voy a explicar por qué. Si alguien en la calle te dice algo que no te gusta, es fácil ignorarlo y seguir adelante, porque probablemente no lo volverás a ver. Con un amigo, si se ofende, puedes tratar de arreglarlo, pero si no, puedes decidir no ser su amigo y alejarte.

Pero con las personas con las que tenemos relaciones más cercanas e íntimas, como novios o esposos, es mucho más difícil. Vamos formando vínculos cada vez más fuertes con ellos, y cuando se activan nuestras heridas de infancia por algo que dijeron o hicieron, es difícil romper esos vínculos. Terminar la relación significa renunciar a amigos, viajes planeados juntos, una idea de vida que habíamos pensado, propiedades compartidas, cuentas de ahorro e incluso a los hijos.

Estos vínculos hacen que no podamos huir fácilmente, y eso es lo que hace que nuestras parejas sean nuestros mejores maestros. Si nos ofenden o hacen cosas que no nos gustan, es más fácil quedarnos y aprender a establecer límites sanos que simplemente irnos. Incluso con nuestros padres, no vamos a dejarlos por una discusión; en cambio, buscamos soluciones y opciones para resolver los problemas.

Probablemente estás pensando en esa relación con una persona en particular, ¿verdad? Tal vez esa relación fue la que te convenció de comprar este libro, porque querías encontrar una manera de cambiarla. Al querer arreglar esa relación, te esforzaste por buscar soluciones, profundizar en tus heridas y enfrentarte a cosas de ti que no querías ver.

Su principal propósito en nuestra vida es ayudarnos a encontrar áreas de oportunidad en nosotros mismos. Una vez que sanes estos aspectos, podrás mejorar tu relación con ellos, siempre recuerda que el trabajo es contigo primero y luego con la otra persona.

## Espejos.

Probablemente has escuchado esto, tu pareja es tu espejo. Al principio, yo pensaba que era porque somos iguales, pero en realidad, la analogía del espejo en las relaciones tiene que ver con que te muestra tus áreas de oportunidad. Es un espejo donde te ves a ti mismo, no ves a la otra persona.

Así que presta atención a lo que te está mostrando la otra persona en la convivencia diaria.

Al final, en las relaciones compartimos el mismo nivel de consciencia.

## NIVEL DE CONSCIENCIA

Cuando empecé con el desarrollo personal, veía la realidad a través de un pequeño orificio. Pero conforme fui aprendiendo de amor propio, energía, respeto y autoestima, ese orificio se amplió y pude ver más cosas en el mismo lugar.

Tener un mayor nivel de conciencia significa poder ver más de la realidad.

A tu vida seguirán llegando personas de todo tipo, antes, al ver la vida a través de un pequeño orificio, no podía identificar a aquellos con mayor consciencia que entendían el respeto, la responsabilidad afectiva y emocional. Esta visión limitada me forzaba a escoger siempre al mismo tipo de personas para formar una relación. Si alguna vez has pensado que todas las personas son iguales, esta es la principal razón.

Cuando nuestra conciencia se expande por el trabajo personal, nos damos cuenta de las heridas, miedos e inseguridades de los demás y podemos elegir con quién formar relaciones.

Ahora elijo no relacionarme con personas que me traerán problemas debido a su dolor, miedos e inseguridades. No porque crea que son malas, simplemente sé el caos que el dolor y el miedo causan, porque yo estuve ahí.

Compartimos nuestra vida con personas que son iguales a nosotros, si quieres tener mejores relaciones solo podrás lograrlo cambiando lo que tú eres.

## RELACIONES POR NECESIDAD

Si formamos relaciones por necesidad, por sentirnos solos o porque creemos que necesitamos a alguien más para sentir amor, entonces estamos firmando nuestro contrato para el caos, el dolor, los celos y la frustración. Estas relaciones no nos permiten crecer y, por el contrario, nos hacen daño. Claro, vamos a aprender mucho de estas relaciones, pero eso no significa que vayan a ser sanas más adelante.

## RELACIONES SANAS

Son dos personas independientes, que se conocen a sí mismas y saben cuidarse y quererse que deciden compartir sus vidas. No buscan validación en el otro, sino que se sienten valiosos por sí mismos, ambos son felices y están en paz estando separados, pero eligen estar juntos para compartir lo que ya tienen.

En una relación sana, ambas personas se respetan y se aman, pero también entienden que si en algún momento deciden separarse, pueden seguir siendo felices por sí mismos. No pierden su individualidad y caminan juntos hacia un mismo destino, compartiendo habilidades, conocimientos y capacidades.

Debo ser muy honesto contigo, cuando vivía esas relaciones dolorosas con dependencia emocional que buscaba y creaba, este concepto de relaciones sanas estaba tan fuera de mi realidad que no me imaginaba que esto era posible y probablemente tú estás pensando lo mismo ahora.

Lo único que puedo decirte es que confíes en mí, esto es posible y todos podemos lograr pasar de relaciones conflictivas donde la otra persona parece ser tu peor enemigo a compartir con alguien que te anima, inspira, motiva y está ahí para tí cuando lo necesitas.

El secreto para lograrlo es trabajar en ti mismo porque, solamente puedes compartir lo que tienes.

## ESCOGE COMPARTIR DESDE EL AMOR

Compartir desde el amor es un regalo que entregas a alguien más, pero lo recibes tú. Esta frase es una de mis favoritas y nace de la reflexión que cuando soy amable con los demás y les regalo un abrazo o tiempo para escucharlos, al final me siento bien de haberlo hecho.

Para mí, puede ser algo tan simple como sonreírle a alguien y contagiar esa alegría, o algo más profundo como ofrecer una sesión de coaching.

Cuando veo la felicidad en sus rostros o cómo logran transformar su realidad, me doy cuenta de que ese regalo también es para mí.

Todo lo que haces por amor y con amor para otros se te regresa, en otras palabras, amar a los demás es amarte a ti mismo.

## Actividad 4:

Describe cómo sería una relación sana con las personas más importantes de tu vida, comenzando por la relación que tienes contigo mismo.

Compara desde la perspectiva de la responsabilidad emocional y afectiva qué puedes hacer para comenzar a transformar esas relaciones.

# CONCLUSIÓN

Quiero felicitarte por que leer este libro ha sido uno gran acto de amor propio, sin embargo, implementar estas lecciones en tu vida será el verdadero reto.

Para cerrar este libro quiero compartir contigo una reflexión más: la experiencia humana es muy parecida a un video juego, cuando creas que ya has dominado todas las lecciones del nivel se te revelará otro, éste traerá retos más complejos para los que tendrás que reinventarte una vez más.
Este libro seguirá siendo tu manual aún en todos los niveles, te recomiendo que conforme vayas ampliando tu nivel de consciencia lo visites de nuevo, te garantizo que podrás comprender muchas cosas más que la primera vez.

Por último, recuerda que estás acá para vivir experiencias, con la práctica diaria aprenderás a disfrutar tanto las montañas más altas como los agujeros más profundos, mientras recorres este camino de autoconocimiento que nunca termina.
Camínalo con paciencia y la certeza que siempre estás en el lugar donde necesitas estar para experimentar lo que te corresponde.

Ten siempre presente que tienes el poder de transformarte para luego crear la realidad que quieres vivir.

Un fuerte abrazo,

Ray

# NOTAS

Made in the USA
Monee, IL
30 June 2023

38023485R10056